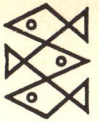

Über dieses Buch Die Geburt eines behinderten Kindes bedeutet für die betroffenen Mütter eine traumatische Erfahrung, die ihr Erleben und ihre soziale Situation entscheidend prägt. Die bewegenden, oft erschütternden Lebensgeschichten von Müttern geistig behinderter Kinder, von denen in diesem Band erzählt wird, zeugen davon. Die Autorin beschreibt, wie schwer es für Mütter ist, die Behinderung ihres Kindes wahrzunehmen, und wie sie versuchen, sie gleichsam ungeschehen zu machen. Die Auswirkungen der Behinderung bleiben nicht auf das Kind beschränkt, sondern sind ein gravierender Einschnitt in das gesamte Leben der Mütter, und zwar in Beziehung zu ihrem Kind, ihrer Identität und ihrer familiären und sozialen Existenz. Die tiefe Krise, die durch die Behinderung ihres Kindes ausgelöst wird, bestimmt über eine lange Zeit das gesamte emotionale Erleben der Mütter und führt sie an die Grenzen der Belastbarkeit. Die Behinderung des Kindes bedeutet eine Verschärfung ihrer Lebenssituation und läßt die Problematik der wechselseitigen Abhängigkeit zwischen Mutter und Kind besonders deutlich werden.

Die Autorin zeigt am Beispiel der Frühberatung institutionelle, aber auch politische Veränderungen auf, die notwendig sind, um den betroffenen Müttern eine eigenständige, autonome Entwicklung zu ermöglichen, damit sie nicht – allein gelassen – an ihrem Schicksal zerbrechen. Die Gesellschaft, so die Forderung, muß Verantwortung für Mutterschaft und Kindheit übernehmen, damit aus Müttern behinderter Kinder nicht »behinderte Mütter« werden.

Die Autorin Monika Jonas, Jahrgang 1952, promovierte Diplom-Pädagogin, langjährige Leiterin einer Frühberatungsstelle. Verschiedene Veröffentlichungen zu Tod, Trauer und zur Frühberatung.

Monika Jonas

Behinderte Kinder – behinderte Mütter?

Die Unzumutbarkeit einer sozial arrangierten Abhängigkeit

Fischer Taschenbuch Verlag

Die Frau in der Gesellschaft
Lektorat: Ingeborg Mues

9.–10. Tausend: April 1992

Originalausgabe
Veröffentlicht im Fischer Taschenbuch Verlag GmbH,
Frankfurt am Main, Oktober 1990

© 1990 Fischer Taschenbuch Verlag GmbH, Frankfurt am Main
Umschlaggestaltung: Friederike Simmel
Gesamtherstellung: Clausen & Bosse, Leck
Printed in Germany
ISBN 3-596-24756-X

Inhalt

Vorwort 7

Einführung 9

1 Frühe Hilfen als frühe Eingriffe in das Leben
  der Mütter 17
  Frühförderung als Optimierung der
  Mütterlichkeit 18
  Das Postulat der Annahme 22
  Frühberatung als Methode 27

2 Die »höchste Vollendung der weiblichen Natur« . 40
  Mutterschaft als sozial arrangierte Abhängigkeit 41
  Auswirkungen auf die Frauen 49
  Bedeutung des Kindes für die Mütter 58

3 Verlusterleben der Mütter behinderter Kinder ... 68
  Kindzentriertes Verlusterleben 69
  Identitätszentriertes Verlusterleben 72
  Sozialzentriertes Verlusterleben 79

4 Trauer und Autonomie 84
  Nicht-Wahrnehmung und Suche 91
  Aufbrechende chaotische Emotionen 103
  Suchen, Finden und Sich-Trennen 120
  Autonomieentwicklung als neuer Selbst-
  und Weltbezug 128

Exkurs: Wenn behinderte Kinder sterben 136

5 Die Unzumutbarkeit einer sozial arrangierten
  Abhängigkeit 146
  Behinderte Kinder – behinderte Mütter? .. 147
  Prüfsteine der sozialen Veränderung 151

Literatur 161

Ich danke allen Frauen, die mir die Gelegenheit gaben, ihre Lebenssituation und ihre Erfahrungen hier zu veröffentlichen. Ich danke auch allen, die mich beim Schreiben dieses Buches unterstützten, mit denen ich immer wieder leidenschaftlich diskutieren konnte und die mir wertvolle Anregungen gaben. Mein besonderer Dank gilt Edith Theurich.

Vorwort

Diesem Buch liegt meine Dissertation: »Trauer und Autonomie bei Müttern schwerstbehinderter Kinder. Ein feministischer Beitrag« (Mainz: Matthias-Grünewald-Verlag 1990) als theoretischer Bezugsrahmen zugrunde. Das Thema der Arbeit hatte sich aus meiner langjährigen Tätigkeit in einer Frühberatungsstelle entwickelt. Den Nutzen dieser Theoriearbeit konnte ich selbst erleben, als ich für dieses Buch meine Beratungsunterlagen sichtete: Die Strukturen der Abhängigkeit der Mütter behinderter Kinder, ihre durch die Behinderung des Kindes erheblich erschwerte und belastete Lebenssituation als Frauen und Mütter in dieser traditionell patriarchalen Gesellschaft, die erschütternden individuellen Folgen einer sozial arrangierten Abhängigkeit fand ich in den Erfahrungen der Frauen, die wegen der Behinderung ihres Kindes in die Beratungsstelle kamen, immer wieder. Die inhaltliche Eingrenzung in meiner Dissertation auf das Erleben der Mütter schwerstbehinderter Kinder konnte ich nach dieser Auswertung aufheben bzw. erweitern: Ich möchte meine Ausführungen auf die Lebenssituation der Mütter geistig behinderter Kinder beziehen.

Mit der freundlichen Genehmigung des Matthias-Grünewald-Verlages kann ich auf Textpassagen und theoretische Ausführungen meiner Dissertation zurückgreifen. Ich werde die aus der jetzigen Auswertung erwachsene Weiterentwicklung meines feministisch-psychoanalytischen Ansatzes vorstellen und diskutieren sowie bisher unveröffentlichte Praxisbeispiele dokumentieren.

Einführung

Zur Einführung in die Thematik dieses Buches möchte ich mit einem Erfahrungsbericht beginnen.

Frau K. hatte bereits zwei Kinder, als ihre Tochter D. geboren wurde. D. hat ein Morbis-Down-Syndrom. Frau K. berichtete, daß ihr in den ersten acht Lebensmonaten von D. niemand gesagt habe, daß D. behindert sei. Ihr Kinderarzt habe immer nur gemeint, D. würde sich noch entwickeln. Obgleich sie nicht wußte, daß D. behindert ist, fuhr sie mit ihr zu einer ambulanten Behandlung in eine Klinik, in der eine medizinische Methode praktiziert wird, auf die besonders Mütter und Väter von Kindern mit Down-Syndrom große Hoffnungen setzen.

Als D. acht Monate alt war, sprach eine Nachbarin Frau K. auf die Behinderung an. Frau K. war über die Nachbarin schockiert und ging sofort zu ihrem Kinderarzt. Dieser habe ihr endlich gesagt, daß D. behindert sei. Frau K. war über diese Mitteilung entsetzt, auch deshalb, weil bisher noch niemand mit ihr darüber gesprochen hatte. Sie weinte nur noch und war »fix und fertig«. Auch ihr Mann war entsetzt und wie gelähmt. Sie hatten das Gefühl, niemandem von der Behinderung erzählen zu wollen. Sie verkrochen sich regelrecht und fühlten sich völlig hilflos. Für Frau K. war es, als sei eine Welt zusammengebrochen. Sie habe sich nach ihren beiden Söhnen so sehnlichst eine Tochter gewünscht. Und die war nun behindert. Ihr Mann fing sich als erster und sagte, daß dann mit D. eben Therapie gemacht werden müsse.

Frau K. sprach zuerst mit ihren Söhnen und danach mit ihren Eltern über die Behinderung. Ihre Söhne waren noch zu klein, um die Bedeutung zu begreifen. Ihre Eltern waren schockiert. Ihre Mutter habe aber dann gemeint, daß ihr vieles klarer werde, was sie bei D. nicht verstanden habe. Herrn K.s Eltern »versteinerten«, wie Frau K. sagte, und behandelten D. von nun an als »Kind zweiter Klasse«. Die Söhne durften weiterhin gerne zu den Großeltern kommen, aber D.

würde sie so »anstrengen«, daß es besser sei, wenn sie nicht mehr käme.

Frau K. sagte, daß ihr im Umgang mit D. plötzlich »Augen und Ohren aufgegangen« seien. Sie hatte das Gefühl, D. »richtig« sehen zu können, und mit einemmal bemerkte sie, daß eine Nachbarin sagte: »Es wäre besser, wenn solche Kinder nicht geboren würden.« Das war für sie wie ein Messer im Bauch. Doch statt zu schreien, wandte sie sich stumm ab und ging weiter. Ihr selbst kam an D. alles häßlich und krank vor. Sie sah nur noch den flachen Hinterkopf, die mongoloiden Augen und konnte D.s tapsige Bewegungen nicht mehr ertragen. Zunächst hatte sie eine totale Wut darauf, daß ihr niemand gesagt hatte, daß D. behindert sei, gleichzeitig fragte sie sich, warum sie es nicht selbst gesehen hatte, da es doch so offensichtlich war.

Mein Einwand, daß sie auf einer bestimmten Ebene die Behinderung wahrgenommen habe, da sie D. in der Klinik nach dieser erwähnten medizinischen Methode behandeln ließ, erstaunte sie. Nein, sie habe die Behinderung absolut nicht wahrgenommen. Die Behandlung habe sie mit D. nur gemacht, da D. häufig erkältet war und sie ihr Abwehrsystem stärken wollte. Drei Jahre später brachte Frau K. diesen Punkt selbst noch einmal ins Gespräch und meinte, daß sie um D.s Behinderung wohl intuitiv gewußt habe, es vielleicht auch gesagt bekommen habe, nur daß sie es nicht wahrhaben wollte, da sie irgendwie spürte, daß die Behinderung der totale Einschnitt in ihrem Leben sein würde.

Nach der Diagnose von D.s Behinderung veränderte sich vieles bei K.s. Herr K. forderte Therapie und Förderung. Wegen seiner Berufstätigkeit verlangte er, daß sich Frau K. darum kümmere. In der ersten Zeit »übte« er noch mit D., wenn er nach Hause kam. Frau K. berichtete, daß er ungeduldig war und ungeheuer hohe Anforderungen an D. stellte. Wenn D. »versagte«, brüllte er sie an und gab ihr einen Schlag auf den Po. Frau K. war entsetzt über ihren Mann, da sie ihn so nicht kannte. Nach kurzer Zeit zog er sich aus der Förderung von D. zurück, überließ dies Frau K. und konzentrierte sich auf die Söhne. Frau K. empfand sich als zuständig für D. und sagte, daß die Familie durch die Behinderung von D. regelrecht gespalten sei. Auf der einen Seite Herr K. und die

Söhne, auf der anderen Seite Frau K. und D. Sie konnte mit ihrem Mann darüber nicht reden. Sie fühlte sich abgewiegelt, wenn er seinen Rückzug damit begründete, daß er sich um die Söhne kümmere, damit diese nicht zu kurz kämen. Sie fühlte sich verzweifelt alleine und haßte ihre Tochter zeitweise regelrecht, da ihre Behinderung an allem schuld war. Frau K. sagte, daß sie D. auch deshalb hasse, weil manchmal allein ihr Anblick genüge, um sie in einen unerträglichen Schmerz zu stürzen. Gleichzeitig empfand sie furchtbare Schuldgefühle wegen ihres Hasses, da sie meinte, als Mutter ihre Tochter doch nicht hassen zu dürfen.

Sie fühlte sich von ihrem Mann im Stich gelassen. Sie kam sich wie seine Handlangerin vor. Er forderte Therapie und Förderung, aber sie mußte alles ausführen. Durch diese ganzen Termine hatte sie weniger Zeit für ihre Freundinnen, die sich allmählich zurückzogen, so daß sie sich in der Wohnung mit den drei kleinen Kindern wie eingesperrt vorkam und sich völlig isoliert fühlte. Sie hatte riesige Angst davor, wie das alles weitergehen sollte. Sie hatte das Gefühl, auch zukünftig für D. verantwortlich zu sein, da diese durch ihre Behinderung nie so selbständig werden könne wie ihre Söhne oder andere Kinder. Der Gedanke war schrecklich, D. immer versorgen zu müssen.

Haß, Schuldgefühle, Ambivalenz gegenüber D., Angst und Isolation waren drei Jahre lang die vorherrschenden Gefühle bei Frau K. Diese schwere Krise brachte Frau K. an den Rand der psychischen und physischen Belastbarkeit. Sie litt unter Schlafstörungen, fühlte sich völlig erschöpft und ausgelaugt, sie war in erhöhtem Maße reizbar und hatte permanent das Gefühl, zusammenzubrechen und keine Kraft mehr zu haben. In dieser Zeit verschärfte sich die Krise, als der älteste Sohn in die Schule kam und in der Schule – wie Frau K. von der Lehrerin berichtet wurde – seine behinderte Schwester verschwieg. Frau K. sprach ihn darauf an, und er sagte, er schäme sich seiner Schwester. Frau K. gab ihm eine Ohrfeige. Das hatte zur Folge, daß sich die Familiensituation dramatisch zuspitzte. Herr K. stellte sich schützend vor seinen Sohn, Frau K. fühlte sich dadurch angegriffen. Die bisher latent brodelnden Ehespannungen traten offen zu Tage.

Die Krise zog sich hin. Frau K. glaubte, daß sie keine Möglichkeit habe, ihre Situation zu verändern. Sie war deprimiert und meinte, daß sie am liebsten ganz weit weg ziehen würde. Aber mit einem behinderten Kind, so überlegte sie, habe sie doch keine Chance. D. könne sie nicht bei ihrem Mann lassen, das würde sie aus Schuldgefühlen nicht schaffen. Außerdem glaubte sie, daß auch ihre Söhne sie brauchten, obwohl sie das Gefühl hatte, daß diese ihrem Mann näher stünden als ihr.

Diese Zeit der Resignation veränderte sich, als für D. der Kindergarten anstand. Frau K. setzte sich aktiv mit D.s realistischen Möglichkeiten und Grenzen und mit der Beziehung zwischen D. und ihr auseinander. Sie empfand sich gereizt bis passiv im Umgang mit D. D. hatte zu der Zeit angefangen, wegzulaufen, sobald sich eine Gelegenheit bot, was Frau K. in Angst und Wut versetzte. In dieser Zeit der Auseinandersetzung mit der Behinderung meinte Frau K., daß ihr bewußt werde, daß D. völlig sinnvoll handle, wenn sie weglaufe. Die Situation in der Familie sei doch nicht mehr zum Aushalten, sondern nur noch zum Weglaufen, und das würde sie selbst doch auch am liebsten tun. Diese Erkenntnis, daß D.s Weglaufen sinnvoll war und daß sie selbst es auch gerne tun würde, war für Frau K. erstmals wieder ein Zugang zu ihrer Tochter seit der Diagnose der Behinderung. Sie sagte, daß sie dies gefühlsmäßig als Befreiung erlebt habe, da sie plötzlich D. als ihre Tochter und nicht mehr nur als Behinderte wahrgenommen habe.

Eines Tages berichtete sie dann strahlend, daß sie alle drei Kinder aus dem ehelichen Schlafzimmer verbannt hatte. Ihr war klargeworden, daß sie die ganzen Jahre nur für ihre Familie gelebt hatte. Und das sollte jetzt vorbei sein. Nachdenklich meinte sie, daß sie es erschreckend fände, daß sie über 30 Jahre werden mußte, um endlich an sich selbst zu denken. Sie empfand sich in der dienenden Rolle wie ihre eigene Mutter, die sich auch immer für die Familie geopfert hatte. Sie wußte, daß es ihr schwerfiel, sich abzugrenzen. Da sie keine Hilfe und Entlastung erhielt, übernahm sie aus Schuldgefühlen alles selbst. Das wollte sie nun verändern. Die Kinder in ihre eigenen Zimmer zu verweisen, war für Frau K. der erste Schritt.

Frau K. erkannte, daß die Diagnose von D.s Behinderung

eine schwere Krise ausgelöst hatte, wodurch sich ihr ganzes Leben verändert hatte. Sie fühlte in sich, daß sie sich nicht aufgeben wollte, sondern daß sie noch eigene Ansprüche für sich selbst hatte und nicht alles der Familie und der Behinderung unterordnen wollte. Die Ähnlichkeit ihres eigenen Verhaltens zu der Aufopferung ihrer Mutter erschreckte sie in diesem Zusammenhang zutiefst. Nachdenklich fragte sie sich, ob das alles so gekommen wäre, wenn D. nicht behindert wäre. Sie verwarf diesen Gedanken wieder, da sie ihn als unsinnig empfand.

Ich hatte noch einige Zeit Gelegenheit, Frau K. bei dem mühsamen Prozeß der Abgrenzung zu begleiten. Sie thematisierte in der Zeit immer wieder ihre Schuldgefühle, beispielsweise, als sie einen Englischkurs besuchte und ihr Mann deshalb auf seinen Sportabend verzichten mußte, um bei den Kindern zu sein. Durch diese Veränderung Frau K.s brachen neue Konflikte zwischen ihr und ihrem Mann auf. Trotz dieser neuen Konflikte sagte Frau K., daß sie sich nicht mehr so gelähmt fühlte, ja sogar eine Stabilisierung in der Beziehung zu ihrem Mann empfinde. Es dauerte noch einige Zeit, bis Frau K. und Herr K. zu der Übereinkunft gelangten, in eine Paartherapie zu gehen, wobei es für Frau K. zu diesem Zeitpunkt wichtig war, daß sie bereit war, »es noch einmal mit ihrem Mann zu versuchen«. Wenn aber die Beziehung nicht zu retten wäre, so war sie bereit, von ihrem Mann wegzugehen.

Nach diesen bewegenden Erfahrungen von Frau K. ist es notwendig, innerlich auf Distanz zu gehen und in diesem persönlichen Erleben die interindividuelle Grundstruktur herauszuarbeiten.

In der Situation von Frau K. wird ein belastungstypischer Prozeß (vgl. Trescher 1987) deutlich, der in den Erfahrungen der Mütter behinderter Kinder immer wieder mit entsprechend individueller Ausprägung zu finden ist:
– Es ist der schwere Prozeß, die Behinderung des Kindes wahrzunehmen, und der Versuch, die Behinderung ungeschehen zu machen.
– Die Bedeutung und Auswirkungen der Behinderung bleiben nicht auf das Kind beschränkt, sondern sind ein gravie-

render Einschnitt in das gesamte Leben der Mütter, und zwar in der Beziehung zu ihrem Kind, ihrer Identität und ihrem familiären und sozialen Erleben.
- Die umfassende Erschütterung und die Krise, die durch die Behinderung ausgelöst werden, bestimmen über eine lange Zeit und Dauer das gesamte emotionale und soziale Erleben der Mütter und führen sie an die Grenzen der Belastbarkeit.
- Die Behinderung des Kindes bedeutet eine Verschärfung ihrer Lebenssituation und läßt die Problematik der wechselseitigen Abhängigkeit zwischen Mutter und Kind überdeutlich hervortreten, was wiederum emotionale (z. B. Schuldgefühle) und soziale (z. B. verhinderte autonome Entwicklung der Mütter) Konsequenzen hat.
- Ggf. mündet dieser langwierige und emotional extrem belastende Prozeß in eine weitgehende Veränderung der Identität als Frauen und Mütter, der Beziehung zum Kind und der sozialen Situation ein.

Die Erfahrungen von Frau K. stellen kein Einzelproblem dar, sondern verweisen auf eine Lebenssituation, in der Mütter sich nach der Geburt eines behinderten Kindes befinden.

Wenn ich im Text von behinderten Kindern spreche, so meine ich Kinder mit einer geistigen Behinderung. Die Definition des Begriffes geistige Behinderung ist nicht unproblematisch und wird meist pragmatisch mit Hilfe des Intelligenzquotienten der Kinder bestimmt (vgl. Müller-Hohagen 1987). Dies erscheint mir wenig sinnvoll, da zum einen zu diskutieren ist, was Intelligenzquotienten eigentlich messen, zum anderen Intelligenz keine statische Größe ist (vgl. Lewontin/Rose/Kamin 1988).

Wichtiger erscheint mir, auf die Bedeutung zu verweisen, die einer geistigen Behinderung beigemessen wird. Walter spricht in diesem Zusammenhang von dem »Behinderungssyndrom«, das heißt, daß mit geistiger Behinderung »assoziativ Unselbständigkeit, Abhängigkeit, Unreife, Ehelosigkeit und schließlich spezielle Sondereinrichtungen und gesellschaftliche Ausgliederung« (Walter 1987, S. 74) verbunden werden, ohne daß dies den realen Fähigkeiten und Möglichkeiten eines Menschen mit einer geistigen Behinderung entsprechen muß.

Frau K. spricht diese Assoziation an, als sie ihre Angst äußert, wie es mit ihrer Tochter weitergehen solle, da diese durch die Behinderung nicht so selbständig werden könne wie andere Kinder.

Diese mit geistiger Behinderung verbundene Vorstellung von Unselbständigkeit und Unreife verstärkt die Strukturen der Abhängigkeit zwischen Mutter und Kind, da die Kinder – real und potentiell – auf die Person angewiesen bleiben, die sie pflegt und versorgt. Für die Mütter ergeben sich daraus Konflikte und Belastungen, die ich in diesem Buch sichtbar und verstehbar machen möchte, und zwar für die ersten Lebensjahre mit einem behinderten Kind, eine Zeit, die in den sozialen Arbeitsbereich der Frühförderung und Frühberatung fällt.

Ich beginne zunächst in Kapitel 1 mit einer kritischen Betrachtung der Ziele der institutionalisierten Frühförderung und dem Entwurf eines methodischen Ansatzes der Frühberatung.

LeserInnen, die sich für diese heilpädagogisch fachlichen Fragestellungen nicht interessieren, können ohne Schwierigkeiten das erste Kapitel überschlagen und sich dem zweiten und darauf aufbauend den weiteren Kapiteln zuwenden.

I
Frühe Hilfen als frühe Eingriffe in das Leben der Mütter

Wenn wir uns die Erfahrungen von Frau K. (vgl. Einführung) noch einmal vergegenwärtigen, so wird deutlich, daß die Behinderung ihrer Tochter eine Erschütterung auslöst, die eng an ihre Lebenssituation als Mutter in dieser Gesellschaft gebunden ist:
- der Anspruch, eine Mutter dürfe ihr Kind nicht hassen,
- Schuldgefühle, ihr Kind im Falle einer Trennung bei ihrem Mann zu lassen,
- durch Therapie- und Förderungstermine verschärfte Isolation als Hausfrau und Mutter,
- Angst vor der ständigen Angewiesenheit ihrer Tochter auf sie als Mutter,
- die Gefahr des Aufgebens ihrer eigenen persönlichen Entwicklung unter dem Aspekt der Aufopferung für ihre Tochter.

Diese geschlechtsspezifischen Erfahrungen werden von den Müttern in der Beratung immer wieder zur Sprache gebracht und durchziehen das Leben der Frauen wie ein roter Faden. Es läge auf der Hand, diese offensichtlichen Einschnitte und geschlechtsspezifischen Probleme im Leben der Mütter in der Institution Frühförderung zu thematisieren und die nachdenkliche Frage zu stellen, ob die institutionalisierten frühen Hilfen ein Eingriff oder eine Unterstützung im Leben der Mütter sind oder sein können. Daß die Forschung zur Frühförderung diese Frage vernachlässigt und das Erleben der Mütter weitgehend ausblendet oder aber unter ideologischen Gesichtspunkten betrachtet, kann wiederum nur auf dem gesellschaftlichen Hintergrund verstanden werden.

Frühförderung als Optimierung der Mütterlichkeit

Frühförderung behinderter und entwicklungsverzögerter Kinder heißt, daß durch möglichst früh einsetzende therapeutische und pädagogische Hilfen für die Kinder die Auswirkungen der Behinderung gemildert, abgebaut oder verringert werden sollen (vgl. Hessischer Sozialminister 1987). Die dafür verwendeten Behandlungsmethoden sind beispielsweise heilpädagogische Spielförderung, Beschäftigungstherapie, Krankengymnastik, Logopädie.

Ich will an dieser Stelle nicht weiter die Problematik dieser Handlungskonzepte diskutieren, sondern lediglich darauf hinweisen, daß die erhoffte Effizienz dieser Methoden heute realistischer eingeschätzt und nüchterner betrachtet wird. Der Grundsatz, daß die Kinder sich um so besser entwickeln, je früher die Förderung einsetzt und je intensiver die Behandlung ist, wird mittlerweile in Frage gestellt und durch den Begriff der »Rechtzeitigkeit« der einsetzenden Förderung neu zu bestimmen versucht. Ebenso geht der Blick von der therapeutischen Laborsituation hin zu einem Leben und Arbeiten mit dem Kind in der Alltagsrealität. Zunehmend wird dabei auch die Bedeutung der Interaktion zwischen Mutter und Kind betont (vgl. Jetter 1984; Weiß 1989; Schlack 1989; Guski 1989; Jonas 1990).

So sehr die Diskussion um die Frühförderung in Bewegung geraten ist, so sehr verharrt sie gleichzeitig in ihrem traditionellen Ansatz, nämlich der Kindzentrierung der Handlungen und der Ausblendung der Mütter als eigenständige Personen. Ich habe schon an anderer Stelle darauf hingewiesen, daß die frühe Förderung der Kinder unter dem Leitgedanken ihrer verbesserten Verwertbarkeit für den Produktions- und Reproduktionsprozeß steht und daß zu diesem Zwecke die Mütter funktionalisiert und instrumentalisiert werden (vgl. Jantzen 1982; Thurmair 1983; Jonas 1990).

Dies ist auch in der neueren Literatur auffällig und hat sich nicht verändert:
- Weiß (1989) merkt beispielsweise an, daß die Schichtspezifik der Familien untersucht werden muß. Die Notwendigkeit, die Geschlechtsspezifik zu erforschen, erwähnt er nicht.

- Guski (ebd.) findet die Kritik am systemischen Ansatz berechtigt, da soziale Faktoren (z. B. die soziale Reaktion auf Behinderung) ausgeklammert werden. Sie ignoriert aber selbst weiterhin die Ausklammerung der Geschlechtsspezifik.
- Die Arbeitsstelle Frühförderung (1988) erstellt Verlaufsstudien über das pädagogisch-therapeutische Dreieck Mutter-Kind-Frühförderkraft, ohne im geringsten die soziale Realität der Mütter und ihre geschlechtsspezifische Belastung zu problematisieren und aufzudecken.

Das ganze Trachten und Bemühen der Forschung zielt auf die Förderung der behinderten Kinder, auch wenn heute verhaltensmodifikatorische Übungs- und Trainingsprogramme in Frage gestellt werden (vgl. Schlack 1989).

Um aber die Förderung behinderter Kinder verbessern zu können, werden die Mütter gebraucht, da die Arbeit mit kleinen Kindern in unserer Gesellschaft traditionell in den Aufgabenbereich der Mütter gehört. Diese werden also nicht als eigenständige Person in einem bestimmten sozialen Kontext wahrgenommen, sondern die Frühförderung zielt auf die Optimierung einer diffusen Mütterlichkeit für das Kind.

Dazu ein Beispiel:

Klein schreibt in seiner Studie »Mütterliches Einstellungsverhalten im Frühbereich« (1982, S. 31): »Für ein geistig behindertes Kind ist das Erziehungsverhalten in der Regel optimal, wenn die Mutter (oder andere Erzieher) ihm gegenüber ein – im Vergleich zum nichtbehinderten Kind – größeres Ausmaß an
- emotionaler Wertschätzung, Warmherzigkeit, geduldiger Zuneigung und Zuwendung,
- lenkend-kontrollierendem Verhalten, das hilft, führt, anleitet, mittut, anregt, weckt, entfaltet und begrenzt,

  in einem ausgewogenen Verhältnis zeigt« (ebd., S. 35).

Diese Anforderungen an Mütter sind in der Literatur immer wieder zu finden (vgl. Jonas 1990).

Wenn ich auf die Erfahrungen von Frau K. zurückgreife und Kleins »optimales Mutterverhalten« betrachte, befremdet mich die Ignoranz gegenüber der Lebensrealität der Mütter: Frau K.s Realität als Mutter war durch die Behinderung erheblichen Belastungen (z. B. Ehekrise) und Erschwernissen

(z. B. Isolation) ausgesetzt. Sie durchlebte eine jahrelange Krise. Nach Klein hätte sie ihrer Tochter gegenüber zugewandt, liebevoll, wertschätzend sein sollen. Ich weiß nicht, woher Frau K. diese Kraft und »Ausgewogenheit« ihrer Gefühle hätte nehmen sollen.

Mütter werden in ihrem Verhalten ständig beurteilt, bewertet, kritisiert, wobei sich niemand Gedanken darüber macht, welche unhinterfragten ideologischen Mutterbilder und Muttersehnsüchte bei denen, die beurteilen, bewerten und kritisieren, dahinterstehen. So schätzen 34 befragte SonderschullehrerInnen und ErzieherInnen mit heilpädagogischer Zusatzausbildung in Kleins Studie Mütterverhalten ein und fällen ein vernichtendes Urteil. Jeder zweiten Mutter wird ein eindeutig negativer Erziehungsstil attestiert. Von 187 Müttern lassen »65 viel oder alles gewähren, fördern kaum oder sind desinteressiert; 21 Mütter schränken und engen stark ein oder führen autoritär« (Klein ebd., S. 40/41). Klein kommt zu dem Schluß, daß den Müttern nur die frühe Beratung hilft, zu einem optimalen Mutterverhalten, das er ein »kommunikatives Erziehungskonzept« nennt, zu gelangen. »Mütter ohne frühe Beratung zeigen einen eher negativen Erziehungsstil; ihre mehr resignierende Haltung und Einstellung gegenüber dem Kind fällt auf« (Klein ebd., S. 41). Er empfiehlt, bei den Müttern behutsam eine Ja-dennoch-Haltung und Einstellung anzustreben, und verweist auf Fachverstand, Herz und Tatkraft.

Es gibt kaum Menschen, über die so häufig geurteilt wird, wie über Mütter. Mütterverhalten gilt es immer zu verbessern. Mal vernachlässigen sie ihre Kinder, mal wird ihnen Überbehütung bescheinigt – je nach Standort, Biographie und Geschlecht der BetrachterInnen. Mütter sind immer schuld, Mütter verursachen die Verhaltensstörungen ihrer Kinder. Mal ist ihre Aufopferung falsch, mal sind sie zu egoistisch. Ihre Interaktion mit dem Kind ist sorgfältig zu beobachten, (behutsam natürlich) zu korrigieren, zu verbessern, zu optimieren. Selbst angesehene und honorige Psychoanalytiker, wie z. B. Bettelheim, bemühigen sich Müttern gegenüber einer Sprache, die an subtiler Arroganz kaum zu überbieten ist (vgl. Bettelheim: Gespräche mit Müttern, 1975). Als Personen in ihrem realen Lebensbezug mit eigenen Interessen, Fähigkeiten, Sehnsüchten, Gefühlen und Wünschen werden sie nicht wahrgenommen oder aber mit der strukturellen Gewalt der Mutter-Ideologie erstickt. Es zählt nur, was sie Förderliches für ihr Kind tun. Dafür werden sie gebraucht und benutzt. Gut genug ist es selten bis nie.

In der Beratung haben mir sehr viele Frauen erzählt, daß sie ihre Kinder oft schlagen. Ich könnte jetzt sagen, daß das »schlechte« Mütter sind und daß es nur »gerecht« ist, wenn sie deshalb Schuldgefühle empfinden. Ich könnte auch sagen, daß die Einschätzungen der PädagogInnen aus Kleins Studie damit bestätigt würden, daß Mütter in ihrem Verhalten »nicht optimal« sind. Es wäre möglich gewesen, herauszuarbeiten, in welchen Situationen die Mütter ihre Kinder schlagen, und ein Verhaltenstraining mit Kindern und/oder Müttern durchzuführen, um das »störende« Verhalten zu beseitigen. Ich hätte auch die Interaktion zwischen Mutter und Kind beobachten können, um dann korrigierend (behutsam natürlich!) einzugreifen.

Mir war es in der Beratung statt dessen wichtiger, mit den Müttern die Bedeutung der aktuellen Lebenssituation für sie auszuleuchten und die Frauen in ihrer Lebensrealität und ihrem biographischen Hintergrund ernst zu nehmen. Und die Hintergründe der Mütter waren sehr unterschiedlich. Es gab Mütter, die die Isolation mit ihrem Kind als Katastrophe empfanden, Mütter, die sich erinnerten, selbst geschlagene kleine Mädchen oder sexuell mißbrauchte kleine Mädchen gewesen zu sein, Mütter, die in Abhängigkeit, verbunden mit mehr Ablehnung als Zuneigung, von sehr rigiden Männern lebten, Mütter, die sich von ihren Partnern im Stich gelassen fühlten oder wurden. Mütter, die ihr Kind nicht ertragen konnten, da das Kind sie an den Partner erinnerte, Mütter, die die Unzumutbarkeit der alleinigen Verantwortung für ihr Kind in eine immer größere Hilflosigkeit stürzte usw.

Ich begleitete die Mütter dabei, sich selbst in den Situationen des Schlagens zu verstehen und diese Situationen so zu verändern, wie sie es selbst wollten. Das war für die Mütter oft ein langwieriger und schmerzhafter Prozeß. Sie gingen den Weg, weil sie selbst das Schlagen unterlassen wollten, und nicht, weil ich es wollte. Ich unterstützte die Frauen darin, daß sie ihren *eigenen* Weg finden konnten, um in Beziehung zu ihrem Kind, zu ihrem Partner, ihrer Familie zu leben. Dadurch, daß das Leben der Frauen in der Beratung Mittelpunkt des Interesses und der Wertschätzung war, veränderte sich ihre Lebenssituation – allerdings durch sie selbst bestimmt.

Nach Darlegung der Lebenssituation der Mütter, die z. B. ihre Kinder schlagen, wird die Diskrepanz zwischen den ideologischen Forderungen Kleins und der Realität der Mütter deutlich. Durch die von Klein als optimal für ein Kind dargestellten Eigenschaften und Haltungen der Mütter wird ein ungeheurer Druck auf die Frauen ausgeübt. An diesen Idealforderungen müssen die individuellen Mütter im Endeffekt scheitern, da es Grundhaltungen sind, die sich in einer Förder- und Therapiestunde als professionelle Haltung sicherlich verwirklichen lassen (aber nicht nur dem Kind gegenüber, sondern ebenso den Müttern gegenüber), die aber die Komplexität des Alltags, den sozialen Kontext, die geschlechtsspezifischen Faktoren, die biographischen Erfahrungen der Mütter ignorieren. Wenn von Müttern gefordert wird, solche »optimalen« Erziehungsbedingungen herzustellen, werden Mütter wegen der Unerreichbarkeit des Optimums von vornherein zu »Versagerinnen«. Es kann durchaus angenommen werden, daß diese hohe Meßlatte, die durchaus der gesellschaftlichen Mutterideologie entspricht, im individuellen Erleben der Frauen als Schuld- und Schamgefühl rückgekoppelt wird und eine zusätzliche psycho-soziale Belastung für sie darstellt.

Das Postulat der Annahme

Frau K. (vgl. Einführung) bezeichnet die Beziehung zu ihrer Tochter als zwischen gereizt und passiv schwankend. Ein Zugang zu ihrer Tochter gelingt ihr durch deren Weglaufen, das sie als sinnvoll anerkennt, da die Familiensituation »zum Weglaufen« ist und da sie den Impuls, »wegzulaufen«, selbst in sich spürt.

Für die Frühförderung stellt sich nun die Gretchenfrage, ob Frau K. ihre Tochter »angenommen« hat oder nicht.

Denn ein wesentliches Ziel der Zusammenarbeit zwischen der Frühförderung und Müttern und Vätern soll die »Annahme« und »Bejahung« des behinderten Kindes sein. Dies wird als Ziel des Verarbeitungsprozesses schon vom Deutschen Bildungsrat (1974) formuliert (vgl. auch Hessischer Sozialminister 1987).

Aber was bedeutet »Annahme« und »Bejahung« des behinderten Kindes? Jetter (1984, S. 12) weist schon darauf hin, wie diffus dieser Begriff ist:

»Sollen sie (die Eltern, M.J.) das So-sein des Kindes als Zustand akzeptieren, oder sollen sie das So-Sein des Kindes als Aufforderung zur Veränderung akzeptieren?

Sollen sie das Kind in seiner Einmaligkeit annehmen, aber seine Normalität anstreben?

Weiter: Was bedeutet das Akzeptieren des behinderten Kindes für den Alltag? Sollen sich die Eltern mit der Anwesenheit des behinderten Kindes abfinden und ihr bisheriges Leben, so gut es eben geht, weiterführen? Oder sollen sich die Eltern in ihrem Lebensalltag nach dem So-Sein ihres behinderten Kindes richten?«

Das Postulat der »Annahme« und »Bejahung« des Kindes bleibt ohne inhaltliche Füllung und ist nach Jetter eng mit dem Menschenbild verknüpft.

Die theoretische Begründung zu dem »Annahme«-Postulat baut auf der psychoanalytischen Prozeßbeschreibung der Trauer auf, ein Prozeß, der durch die Behinderung des Kindes ausgelöst wird (vgl. z. B. Sporken 1975). Nach Verarbeitung der Trauer soll die »Annahme« des behinderten Kindes erfolgen. Was allerdings übersehen wird, ist, daß die psychoanalytischen Prozeßbeschreibungen der Trauer den »Ausgang« der Trauer nicht festlegen, sondern diesen in die autonome Entscheidung des Individuums in dessen jeweiligem sozialen Kontext stellen (vgl. z. B. Kast 1984; Spiegel 1986).

Die Prozeßbeschreibung der Trauer halte ich für durchaus geeignet, den Prozeß der Frauen nach der Geburt eines behinderten Kindes darzustellen (vgl. dazu Kap. 3 und 4). Nur die Festlegung des »Ausgangs« der Trauer und des Verarbeitungsprozesses erscheint mir höchst fragwürdig und ideologiekritisch bedenkenswert.

Wenn Jetter die oben genannten inhaltlichen Fragen zum »Annahme«-Postulat stellt, beginnt er die Fragen mit dem adäquaten Verb, nämlich »sollen«. Da in der Frühförderung überwiegend mit den Müttern gearbeitet wird, muß seine Frage allerdings nicht »Sollen die Eltern...«, sondern »Sollen die Mütter...« lauten. In dem Verb »sollen« kommt Fremdbestimmung zum Ausdruck. Es geht nicht mehr um einen offenen Verarbeitungsprozeß, der eine individuelle Entwicklung in Gang setzt, sondern die Begleitung der Mütter durch die Frühförderung hat ein Ziel: Die Mütter *sollen* ihr Kind – was immer das auch heißen mag – »annehmen«.

Welche Vorstellung von Mütterlichkeit steht hinter diesem »Annahme«-Postulat, und wem dient diese »Annahme«?

Das Mutterbild in diesem diffusen »Annahme«-Begriff mutet an wie das der allzeit liebenden Mutter, die immer für ihre Kinder da ist, die ihnen zugeneigt und zugewendet ist, auch wenn sie behindert sind – oder vielleicht gerade, wenn ihre Kinder behindert sind, da sie dann nach der gängigen Meinung arme, leidende Geschöpfe sind. Eine Mutter, die ihr Kind nicht »annimmt«, ist keine »gute« Mutter, eher eine »böse«, im besten Falle »kranke« Frau (vgl. auch Kap. 2). »Annahme« und Mutterliebe scheinen assoziativ synonym zu sein, so daß den Müttern der Trauerprozeß zwar »zugestanden«, das Ziel, die »Annahme« und »Bejahung«, aber festgelegt wird.

Das Postulat der »Annahme« wird damit zu einer weiteren Meßlatte für die Handlungen der Mütter. Ihre reale Lebenssituation kann geleugnet werden. Spannungen zwischen ihr und dem Kind, Gereiztheit, Erschöpfung, reale unzumutbare Überbelastung durch Pflege, Fürsorge, Therapie, Förderung, ihr Nicht-mehr-Können – all das kann schlicht und einfach darauf geschoben werden, daß die Mütter ihr Kind noch nicht »angenommen« haben.

Wenn eine Mutter ihr Kind durchschnittlich sechs Stunden am Tag füttern oder viermal täglich Krankengymnastik machen muß, begleitet vom Schreien des Kindes, oder nachts nicht mehr schlafen kann, da ihr Kind aufgrund der Medikamente tagsüber schläft und nachts wach ist, oder sie ihr Kind monatelang täglich ins Krankenhaus fahren und dazu noch weitere Kinder versorgen muß, oder wenn durch die Behinderung – wie bei Frau K. – eine schwere Ehekrise ausgelöst wird, die Frauen immer isolierter werden, sie dazu noch abwertende und verletzende Bemerkungen der Nachbarschaft zu verkraften haben – kann in solchen Situationen noch ernsthaft davon gesprochen werden, daß diese Frauen ihre behinderten Kinder »annehmen« müssen?

In einer besonders paradoxen Situation leben Mütter, die ihr behindertes Kind in ein Heim geben. Das psychologisierende Urteil steht fest – unhinterfragt: Sie haben ihr behindertes Kind nicht »angenommen«. Die Reaktionen sind einerseits zustimmend aufgrund der gesellschaftlichen Bewertung, daß mit einem »solchen« Kind ja auch niemand leben kann, andererseits ist die Verurteilung der Mutter ebenfalls klar, da sie ja ein »solches« besonders pflegebedürftiges Kind in ein Heim gegeben hat.

Der »Annahme«- und »Bejahungs«-Begriff kann als moralisierende Kategorie verstanden werden, die dazu dient, das Verhalten von Müttern zu be- und verurteilen. Das »Annahme«-Postulat ist völlig ungeeignet, die Realität des Lebens mit einem behinderten Kind zu begreifen.

Ich gehe davon aus, daß die Wahrnehmung der Realität der Behinderung des Kindes einen Prozeß bei den Müttern auslöst, den ich mit den Begriffen Trauerprozeß und Autonomieentwicklung beschreiben werde (vgl. Kap. 3 und 4). Und diese Prozeßentwicklung hat ausschließlich das »Ziel«, welches die Frauen selbst bestimmen.

Nach der Verknüpfung des »Annahme«-Postulates mit dem Begriff der Mutterliebe bleibt noch die Frage, wem die »Annahme« des Kindes durch die Mütter dient.

Ist die »Annahme« nicht eher ein Wunsch der Fachleute, da diese Mütter eventuell »pflegeleichter« und »therapiefreudiger« sind als Mütter, die vermeintlich nicht »annehmen«? Vielleicht fällt es auch den Fachleuten schwer, sich nicht »annehmende« Mütter vorzustellen, da sie auf ihrer persönlichen Ebene dann mit der Frage oder vielleicht dem Erschrecken konfrontiert wären, daß ihre eigenen Mütter sie eventuell auch nicht »angenommen«, nicht immer und fortwährend geliebt haben, sondern auch Gefühle der Ablehnung von diesen gespürt wurden?

Diese Fragen sind schmerzhaft und kränkend, müssen aber gestellt werden, da sich das »Annahme«-Postulat unausrottbar als Anforderung hält. »Annehmende« Mütter wären die Frauen, die aufopferungsvoll, warmherzig, freudig Therapie und Förderung durchführen und mit den Fachleuten bejahend kooperieren. Die »anderen« Mütter benennt und beurteilt Klein (ebd.) schon in seiner Studie als die Mütter mit der »resignierenden« Haltung und Einstellung zum Kind und mit dem »negativen« Erziehungsstil.

Der zweite Hintergrund des »Annahme«-Postulates liegt sicherlich im ökonomischen Bereich. Indem Mütter im häuslichen Bereich Therapie und Förderung mit ihrem Kind durchführen, werden ungeheure Kosten eingespart, wie Schreibmann (1987) unumwunden feststellt. Wenn die Mütter nicht diese unbezahlte Förderungsarbeit übernehmen würden, kämen auf den Staat und die Krankenkassen immense Kosten zu, die wohl kaum finanzierbar wären. Das »Annahme«-Postulat wird damit zu einem psychologischen Druckmittel auf die Mütter, damit diese weiterhin ihre unbezahlte Förderungsarbeit leisten. Denn »annehmende« Mütter fördern ihre Kinder!

Schuchardt (1982) benennt dies deutlich in ihrem Krisenverarbeitungsmodell, indem sie festschreibt – als unumstößlichen Prozeß –, daß nach der »Annahme« die »Aktivität« für das behinderte Kind erfolgt und die »Solidarität« mit gleich Betroffenen. Schuchardt hat diese mögliche Verbindung ihres Krisenverarbeitungsmodells mit kostensparender Mutterarbeit sicherlich nicht gewollt und beabsichtigt. Dennoch ist es möglich, anhand dieses Modells einen subtilen oder offenen Druck auf die Mütter auszuüben: Sie haben ihr Kind nicht »angenommen« und sind nicht »aktiv« für ihr Kind, wenn sie unter der alleinigen alltäglichen Verantwortung und Arbeit fast zusammenbrechen.

In der Literatur ist ein Infragestellen des »Annahme«-Postulates durchaus sporadisch zu finden (vgl. Weiß 1989), und die Situation der Mütter wird z.B. von Spörri-Schönle (1987) angemessen beschrieben. Sie spricht davon, daß die ambivalenten Gefühle der Mütter aus der Situation nach der Geburt eines behinderten Kindes als angemessen betrachtet werden können. Dennoch wird die Geschlechtsspezifik der mütterlichen Lebensrealität und die besondere Belastung für die Mütter aufgrund ihrer aktiven tagtäglichen Verantwortung für das Kind bisher weitgehend ignoriert. Das Arrangement der Mutterschaft, wie es in unserer Gesellschaft praktiziert wird, wird mit unhinterfragter Selbstverständlichkeit als »naturgegeben« hingenommen und in seinen psycho-sozialen Auswirkungen auf die Mütter nicht reflektiert.

Die Gretchenfrage der Frühförderung, die ich eingangs stellte, ob Frau K. ihre Tochter nun »angenommen« hat oder nicht, erweist sich nach diesen Ausführungen als überflüssig und kann nach meinem Dafürhalten aus dem Fragenkatalog der institutionalisierten Frühförderung ersatzlos gestrichen werden. Wenn Mütter diesen »Annahme«-Begriff für sich als bedeutungsvoll empfinden, dann ist es wichtig, daß er mit ihrem persönlichen Inhalt gefüllt wird, »Annahme« und »Bejahung« können nicht als Richtschnur professionellen Handelns dienen.

Nach den bisherigen Ausführungen zur Optimierung der Mütterlichkeit und zum »Annahme«-Postulat halte ich es für berechtigt, daß die frühen Hilfen für behinderte Kinder als frühe Eingriffe in das Leben der Mütter betrachtet werden können. Es sind Eingriffe, die in der gesellschaftlichen Mutterideologie begründet sind (vgl. Kap. 2) und die auf die Mütter zum verordneten »Wohle« ihrer Kinder Druck ausüben (vgl. Kap. 3), sie instrumentalisieren und funktionalisieren, wobei ihre Lebensrealität ignoriert wird.

Wenn die institutionalisierte Frühförderung nicht zu einem Herrschaftsinstrument verkommen soll, das unter dem Deckmantel der Hilfe zum Nachteil der Mütter eingesetzt und benutzt wird, ist ein theoretischer und methodischer Zugang notwendig, der die Förderung des Kindes *und* das Erleben und die soziale Situation der Mütter erfahrbar und verstehbar macht.

Frühberatung als Methode

Wenn Klein (ebd., S. 41), wie oben erwähnt, von »Fachverstand, Herz und Tatkraft« spricht, damit der von ihm vertretene »kommunikative häusliche Erziehungsstil« eingeübt werden könne, so mutet mich dies ein wenig zu »pfadfindermäßig« (»jeden Tag eine gute Tat«) an, um daraus eine professionelle Methode herzuleiten, die das Erleben und die Erfahrungen der Mütter behinderter Kinder in ihrer sozialen und psychischen Dimension zu begreifen vermag und den Müttern die Begleitung und den Raum für ihr persönliches Erleben gibt, der ihnen zusteht.

Um die dringende Notwendigkeit eines veränderten Ansatzes zu verdeutlichen, möchte ich einige Stationen aus dem Lebensweg von Frau L. aufzeigen.

Sowohl der Vater als auch die Mutter von Frau L. sind Alkoholiker/in. Sie wurde von ihrem Vater sexuell mißbraucht. Mit 12 Jahren kam sie ins Heim. Sie machte dort ihren Sonderschulabschluß. Mit 17 Jahren verließ sie das Heim und wohnte wieder bei ihren Eltern, mit 18 Jahren heiratete sie. Ein Sohn wurde geboren. Ihr Mann kam mit dem Säugling nicht zurecht. Die Ehe zerbrach. Sie fühlte sich überfordert. Ihr Sohn kam ins Heim. Frau L. lernte einen anderen Mann kennen und heiratete. Dieser wollte keine Kinder. Frau L. wollte ihm aber gerne »ein Kind schenken«. Ihre Tochter wurde behindert geboren. Ihr Mann verließ sie und reichte die Scheidung ein.

Diese knappe Auflistung der Erfahrungen von Frau L. weist eine solche Vielzahl traumatischer Ereignisse auf, von denen schon eines ausreichen würde, um ein Leben grundlegend zu erschüttern. Die Geburt ihrer behinderten Tochter ist in Frau L.s Leben einer dieser tiefen Einschnitte.

Einige Erfahrungen im Leben von Frau L. sind frauenspezifische, z. B.:
– der sexuelle Mißbrauch durch ihren Vater,
– die Ehe, wobei Frau L. die Verantwortung für ihr Kind behält und entscheiden muß,
– Männer, die mit Kindern nicht zurechtkommen,
– die Vorstellung, einem Mann »ein Kind zu schenken« als höchster Ausdruck dessen, was Frauen zu geben vermögen.

Diese Lebensgeschichte hat Frau L. tief geprägt und prägt damit auch ihre Beziehung zu ihrer Tochter B. Da Frau L. mit B. zur Beratung kam, hatte sie erstmals die Gelegenheit, ihre Lebensgeschichte umfassend mitzuteilen und die damit verbundenen Gefühle auszudrücken. Auf diesem Hintergrund konnte ich sie begleiten und unterstützen, Entscheidungen zu treffen, die sie für sich als richtig empfand. Sie entschied sich z. B., ihren Sohn im Heim zu lassen, da sie sich mit beiden

Kindern überfordert fühlte, sie zog in eine andere Wohnung, um aus dem Einflußkreis ihrer Eltern herauszukommen und Abstand zu gewinnen. Sie erlebte die Problematik der Partnersuche, wobei sich ihre Partner immer wieder auf die Situation, mit ihr und B. zu leben, kurzfristig einließen, sich dann aber zurückzogen. Es waren Hoffnungen, die immer wieder zerbrachen. Zum Abschluß der Beratung entschied sie sich, eine besser bezahlte Arbeit als Küchenhilfe anzunehmen und in Kauf zu nehmen, daß sie aus zeitlichen Gründen nicht mehr mit B. zur Therapie kommen konnte.

Auch hier möchte ich wieder von der konkreten Erfahrung von Frau L. gleichsam zurücktreten, um theoretisch herauszuarbeiten, wie das Erleben und die Erfahrungen der Mütter im Kontext der Frühberatung sichtbar und verstehbar gemacht werden können.

Ich werde dazu die Grundzüge meines feministisch-psychoanalytischen Ansatzes entwickeln und einige Ausführungen zur Heilpädagogik machen, da das Arbeitsfeld Frühberatung und Frühförderung ein traditionell heilpädagogisches ist.

Wie Kobi (1980) feststellt, läßt es sich wissenschaftlich nicht beantworten, warum Heilpädagogik sinnvoll ist und warum Menschen mit Behinderungen der besonderen Erziehung bedürfen. Die Geschichte der Heilpädagogik hat keine eigenständige Tradition, sondern ihre Wurzeln sind in der Sozialgeschichte der Medizin zu finden. Pädagogische Traditionen wie Allgemeine Pädagogik, Geisteswissenschaftliche Pädagogik usw. erklärten sich für inkompetent gegenüber Menschen mit Behinderungen (vgl. Kobi ebd.; Jantzen 1982).

Diese wissenschaftlich nicht belegbare Notwendigkeit der Heilpädagogik und ihre Tradition in der Sozialgeschichte der Medizin haben zur Folge, daß heilpädagogische Konzepte eher an einem theorieabstinenten Pragmatismus und heilpädagogische Handlungen häufig am »medizinischen Modell« orientiert sind. »Medizinisches Modell« besagt, daß Krankheiten und Behinderungen auf die Ursachen im Menschen hin abgefragt und diese dann mit der »richtigen« Therapie bekämpft werden. Der Mensch mit einer Krankheit oder Behinderung wird in der Tradition dieses Modells als Mensch mit einem Defekt betrachtet, einem Defekt, den es wegzutherapieren und wegzufördern gilt (vgl. Kobi ebd.).

Dieses Denkmuster bestimmte und bestimmt mit seiner Zweckrationalität auch weitgehend die Diskussion und die Konzeption im Arbeitsbereich Frühförderung (vgl. Weiß 1989; Jonas 1990).

Ich stimme mit Kobi (ebd.) überein, wenn er feststellt, daß Heilpädagogik sich erst da entwickeln kann, wo das erzieherische Engagement für Menschen mit Behinderungen positiv entschieden wird. Dazu bedarf es aber eines eigenständigen Beitrages der Pädagogik mit einem fundierten theoretischen Hintergrund, einem Abschiednehmen von dem pädagogischen Pragmatismus und einer entschiedenen Absage an das »medizinische Modell«.

Ausgehend von der Situation der Mütter behinderter Kinder erscheint mir die Psychoanalytische Pädagogik die geeigneten Voraussetzungen zu bieten, den heilpädagogischen Beitrag zur Frühförderung und Frühberatung theoretisch und methodisch abzusichern. Psychoanalytische Pädagogik erhellt die subjektive Bedeutung von Behinderung für alle Beteiligten im biographischen und historisch-sozialen Kontext auf der Basis der Selbstreflexion, auch der beteiligten Professionellen. Damit wird das subjektive Erleben des Individuums in den Mittelpunkt gerückt, deformierende soziale Bedingungen werden reflektiert und die emotionale Beteiligung der PädagogInnen wird mit einbezogen (vgl. Lorenzer 1974; Reiser/Trescher 1987).

Es würde den Rahmen dieses Buches sprengen, wenn ich hier einen umfassenden Entwurf der Psychoanalytischen Pädagogik für die Frühförderung und Frühberatung vorlegen wollte. Ich werde daher nur einige Grundzüge herausarbeiten, die den Zugang zum Erleben der Mütter behinderter Kinder ermöglichen. Zur Vertiefung dieses Ansatzes empfehle ich die Auseinandersetzung mit Lorenzer (1974), Leber (1980) und Reiser/Trescher (1987).

Behinderung per se gibt es nicht, sondern Behinderung erhält im Interaktionsprozeß subjektive Bedeutung, da sie mit emotionalem Erleben und sozialen Zuschreibungsprozessen verbunden wird. Dieser Prozeß läßt sich verdeutlichen, wenn wir uns vorstellen, daß wir z. B. einen Menschen mit einer

Schwerstbehinderung sehen. Ohne daß wir wissen, wie die Gefühle und Gedanken dieses Menschen sind, »wissen« wir von seiner Behinderung (vgl. Goffmann 1975). Vielleicht fällt uns auf, daß diese Frau oder dieser Mann die Arme nicht koordiniert bewegen oder nur undeutlich oder gar nicht sprechen kann. Eventuell haben wir Kenntnisse von Behinderungen, die uns denken lassen, daß es sich um eine Cerebralparese handelt. Oder aber wir nehmen – bei geringen Vorkenntnissen – vielleicht an, daß während der Schwangerschaft Medikamente genommen wurden, so daß dieser Mensch behindert ist. Die fehlende Koordination der Arme oder das Nichtsprechenkönnen lösen Assoziationen und Gefühle aus, so daß z. B. Mitleid empfunden wird oder daß es als nicht vorstellbar erscheint, daß dieser Mensch ohne Armkoordination und Sprache ein zufriedenstellendes Leben leben kann. In einer Gruppe von Menschen mit Behinderungen wird uns dieser einzelne Mensch »normaler« erscheinen. Wenn wir ihm/ihr alleine begegnen, werden wir sie/ihn sofort als behindert einordnen und es als Störung der Normalität betrachten. Das, was wir erleben, ist geprägt durch Vorerfahrungen, durch individuelles Wissen und ist eingebunden in den historisch gesellschaftlichen Prozeß der Bedeutung und Bewertung von Behinderung, d. h., es sind »lebenspraktische Vorannahmen« (vgl. Lorenzer 1974). Vielleicht empfinden wir Scheu, mit diesem Menschen in Kontakt zu treten, oder begegnen ihr/ihm betont »unverkrampft«. Vielleicht sprechen wir mit ihr/ihm, als sei sie/er geistig behindert, obgleich wir das gar nicht wissen. Die Art, in der wir Menschen mit Behinderungen begegnen, wird über die Interaktion in deren persönliche Identität rückgekoppelt und wieder interagierend nach außen mitgeteilt.

Aufgrund der gesellschaftlichen Bewertung von Behinderung ist davon auszugehen, daß die Interaktion mit Menschen mit Behinderungen eine beschädigte ist. Über diese beschädigte Interaktion ist die Ausformung einer deformierten Identität anzunehmen. Von der Beschädigung der Interaktion und ebenso der Identität sind aber beide – behinderte und nichtbehinderte – InteraktionspartnerInnen betroffen, da es ein wechselseitiger Prozeß ist.

Es läßt sich, da die Behinderung in einem konkret historischen Bezugsrahmen als solche erkannt wird, nicht mehr feststellen, was nun die Behinderung »an sich« ist. Wir können z. B. feststellen, daß ein Mensch nicht sehen kann. Wir können aber nicht mehr feststellen, welche Auswirkungen das Blindsein »an sich« hat. Psychische und soziale Faktoren (z. B. fehlende akustische Signale im Straßenverkehr) beeinflussen derart, daß die mögliche Mobilität dieses Menschen so verhindert wird, daß sich aufgrund dessen gleichsam das Blindsein verschlechtert, ohne daß die Ursache allerdings im Nichtsehen liegt.

Jede Behinderung erhält in ihrem jeweiligen historisch-sozialen Kontext individuelle und soziale Bedeutung, die letztendlich entscheidend für die Identität ist (auf die tradierten gesellschaftlichen Stigmatisierungsmuster macht die Krüppelbewegung nachdrücklich aufmerksam; vgl. Christoph 1983).

Wenn nun von in gesellschaftlichen Prozessen beschädigter Interaktion und daraus resultierend deformierter Identität ausgegangen wird, dann bedarf es sowohl eines sinnverstehenden Zugangs zur lebensgeschichtlichen Bedeutung von Behinderung und der Selbstreflexion der eigenen Betroffenheit als auch kritischer Problematisierung der sozialen Prozesse (vgl. Gerspach 1987).

Trescher (1987) konstatiert, daß es gemäß der sehr unterschiedlichen pädagogischen Praxisfelder und der je unterschiedlichen AdressatInnen notwendig ist, für die verschiedenen pädagogischen institutionellen Praxisstrukturen unterschiedliche psychoanalytische Vorgehensweisen zu entwickeln und sie in angemessene Handlungsmodelle umzusetzen. Dabei sind die in den jeweiligen Praxisfeldern auftretenden belastungs*typischen* und krisenhaften Entwicklungsverläufe herauszuarbeiten, die in der aktuellen Beziehungsdynamik im Vordergrund stehen (vgl. Trescher ebd.). Es geht also nicht darum, den Lebenszusammenhang der AdressatInnen oder der jeweiligen Institutionen in seiner Totalität in den Blick zu bekommen, sondern die konflikttypischen Prozesse zu verstehen.

In die Institution Frühförderung und Frühberatung kommen meist Mütter (weniger Väter) mit ihren behinderten und entwicklungsverzögerten Kindern im Alter zwischen 0 und 6

Jahren (vgl. Jahresbericht der Frühberatung 1989). Entweder liegt bereits eine medizinische Diagnose der Behinderung vor, oder aber die Mütter (und Väter) haben das diffuse Gefühl, daß mit ihrem Kind »etwas nicht stimmt«.

Ich möchte die folgenden Ausführungen auf die Mütter (und Väter) der Kinder beschränken, bei denen eine Behinderung vorliegt, und die Problematik der Entwicklungsverzögerung hier unberücksichtigt lassen. Die Bedeutung der Entwicklungsverzögerung, ihre sozialen Ursachen und die individuellen Auswirkungen bedürfen einer gesonderten Erforschung (vgl. hierzu Lewontin/Rose/Kamin 1988; ebenso Jetter 1984).

Die Diagnose der Behinderung bei dem Kind kann als traumatischer Einschnitt im Erleben der Mütter und Väter beschrieben werden (vgl. Müller-Hohagen 1987), insofern, als es ein von außen kommendes Ereignis ist, das in seiner Realität die Mütter und Väter völlig unvorbereitet trifft und von dem die ganze Person und ihre psychische Organisation überwältigt, erschüttert und verändert wird (vgl. Kapitel 3). Die Behinderung des Kindes bedeutet, um mit Lorenzer (zit. nach Finger-Trescher 1987, S. 132) zu sprechen: »Ein unerträgliches Ereignis wird Wirklichkeit.« Diese traumatische Bedeutung der Behinderung bestimmt die Interaktion zwischen Kindern, Müttern und Vätern, wobei ich den Aspekt der Auswirkungen der beschädigten Interaktion bei den Kindern hier unberücksichtigt lassen möchte.

Ich beschränke mich darauf, mit Hilfe des psychoanalytischen Ansatzes die Notwendigkeit der Frühberatung für die Mütter (und Väter) zu begründen. Dabei bedeutet Frühberatung, »daß die Mütter und Väter sowie andere Bezugspersonen des behinderten/entwicklungsverzögerten Kindes in ihrem subjektiven, psychischen Prozeß, ihren subjektiven Bedeutungserklärungen von Situationen, ihrem individuellen Prozeßverlauf und ihren autonomen psycho-sozialen Entwicklungen Mittelpunkt einer frühzeitigen Beratung sind« (vgl. Jonas 1990, S. 19).

Die traumatische Bedeutung der Behinderung des Kindes löst einen Trauerprozeß aus, der in der Interaktion zwischen Müttern (und Vätern) und pädagogisch-therapeutisch Handelnden zum Ausdruck kommt bzw. kommen kann (vgl.

Jonas ebd.). Der Trauerprozeß kann demnach als belastungstypischer Prozeß in der Interaktion zwischen Mütter/Väter und MitarbeiterInnen der Frühförderung und Frühberatung bezeichnet werden (vgl. Kap. 4).

Der Wahrnehmung der traumatischen Bedeutung der Behinderung und der Wahrnehmung des Trauerprozesses kommen in der Frühberatung überragende Bedeutung zu, und zwar im Sinne Millers (1981), daß nicht das traumatische Erleben an sich, sondern die Tatsache, daß es nicht gemerkt, nicht gefühlt werden darf, die Entwicklung des Menschen beeinträchtigt.

Im Zusammenhang mit traumatischen Erlebnissen in der Kindheit spricht Lorenzer (1974) vom Prozeß der »Desymbolisierung«, d. h., daß frühe oder auch spätere traumatische Erfahrungen in die Sprachlosigkeit versinken, nicht ausgedrückt werden können bzw. dürfen. Dieses abgespaltene und verdrängte Erleben wird gleichsam eingekapselt und äußert sich im Laufe des Lebens unbewußt in »Zeichen« und »Klischees« (vgl. Lorenzer ebd.), die später wiederholt werden, dann aber der Situation nicht mehr angemessen sind und das Erleben des Subjektes in seiner Entfaltung beeinträchtigen.

Eine offenkundige Traumatisierung und deren Wiederholung in der aktuellen Interaktion erlebte ich in der Beratung bei einer Frau, die als Jugendliche schwanger wurde und deren Eltern sie zwangen, ihr Kind zur Adoption zu geben. Diese Frau war nicht in der Lage, Hilfe und Entlastung von anderen Menschen anzunehmen, da sie in der überwältigenden Angst lebte, daß ihr Kind ihr wieder weggenommen werden könnte. Freundschaftliche Beziehungen konnte sie nicht aufbauen, da sie aus Angst und Mißtrauen, jemand wolle ihr das Kind wegnehmen, auf Distanz blieb. Ihr Kind durfte sich keinem Menschen zuwenden, denn sie hatte Angst, es könnte sich ihr entfremden oder ihr entfremdet werden.

Die erzwungene Weggabe ihres ersten Kindes zur Adoption war für diese Frau eine traumatische Erfahrung, deren unbewältigte Gefühle sie in der aktuellen Lebenssituation wiederholte. Dadurch war sie völlig isoliert und lebte mit ihrem Kind in einer überaus engen Bindung, gegen die dieses sich vehement wehrte. Sie war nicht in der Lage, ihr emotionales Erleben an der Realität zu überprüfen und zu korrigieren.

Den psychoanalytischen Prozeß sieht Lorenzer als die Möglichkeit, diese gleichsam eingefrorenen Erlebnisinhalte wieder zu »resymbolisieren« (vgl. Lorenzer ebd.), wieder fühlbar werden zu lassen und sie damit in die soziale Interaktion einzufügen. Mit Hilfe des »szenischen Verstehens« werden subjektiv erlebte Sequenzen als Teile des subjektiven dramatischen Lebensentwurfs verstanden. Im Prozeß der Übertragung und Gegenübertragung werden die desymbolisierten Erlebnisse sichtbar und können im gemeinsamen »Sprachspiel« (vgl. Lorenzer ebd.) zwischen PatientIn und AnalytikerIn wieder eingeführt und somit wieder sozial vermittelbar werden.

Die Frühberatungssituation entspricht zwar nicht dem psychoanalytischen Setting, dennoch kommen Übertragung und Gegenübertragung ebenso wie »szenisches Verstehen« auch hier zum Tragen.

Die Gemeinsamkeiten und Unterschiede zwischen psychoanalytischer Pädagogik und psychoanalytischer Therapie werden von Reiser (1987) deutlich gemacht.

Die gemeinsame Zielsetzung ist »Entfaltung, Wachstum, Befreiung, Selbstfindung« (Reiser ebd., S. 195). D. h., daß beide – Pädagogik und Therapie – keinen Entwurf des »richtigen Lebens« (Lorenzer ebd.) haben, sondern Bezug nehmen auf das individuelle Leiden in gesellschaftlichen Strukturen (vgl. Trescher ebd.).

Die Gemeinsamkeit von Therapie und Pädagogik ist das Wechselspiel von Nähe und Distanz, das Vermögen, den anderen Menschen zu erfahren und sich einfühlen zu können, wobei beide Situationen sowohl von Realbeziehungen als auch Übertragungsbeziehungen gekennzeichnet werden. Therapeutische und pädagogische Situationen erfordern die Präsenz der PädagogInnen/TherapeutInnen, die Abstinenz von Macht und erotischen Wünschen sowie von dem Wunsch der Professionellen, von dem anderen Menschen verstanden zu werden (vgl. Reiser).

Die Unterscheidung beruht darin, daß in der pädagogischen Beziehung die Übertragungsbeziehung und die Aufarbeitung der Übertragung nur so weit zugelassen wird, wie es nötig ist, die Realbeziehung im Bezug zur Realität weiterzubringen (vgl. Reiser ebd.). (In der therapeutischen Beziehung wird soviel Realbeziehung zugelassen, wie notwendig ist, um die Übertragungsbeziehung voranzubringen.) D. h., daß die PädagogInnen in der Frühberatung RepräsentantInnen der äußeren Realität, der Welt sind. In der Erfahrung der Realität des/ der Professionellen kann für die Mütter (und Väter) behinderter Kinder eine Beziehung entstehen, in der dem individuellen Leiden Ausdruck gegeben werden kann im Kontakt zur Welt, repräsentiert durch die PädagogInnen. Die Haltung der PädagogInnen formuliert Reiser nach Cohn als »selektive Authentizität«, d. h., daß die PädagogInnen als Personen in ihrem Fühlen und ihrem Einfühlungsvermögen präsent sind, gleichzeitig – und das heißt selektiv – aber ihre eigenen Emotionen im Sinne der Übertragung und Gegenübertragung sich bewußtmachen.

Die dialektische Beziehung von »innerer Realität« und »äußeren« Erfahrungen wird thematisiert. Die PädagogInnen müssen sich dabei ihre eigenen unbewußten Anteile an der Interaktion (z. B. qua kritischer Selbstreflexion und Supervision) bewußtmachen.

Für die Arbeit der Frühberatung bietet sich die von Reiser (ebd.) getroffene Unterscheidung zwischen »thematischem Verstehen« und »szenischem Verstehen« an. Für das Arbeitsfeld der Frühberatung bedeutet diese Unterscheidung, daß auf der realen Ebene die Bedeutung der Behinderung des Kindes als »Thema« in seinen individuellen und sozialen Konsequenzen und Auswirkungen für die Mütter (und Väter) verstanden werden muß. »Szenisches Verstehen« meint, daß durch das Trauma der Behinderung »desymbolisierte« unbewußte Traumata und Verletzungen bei den Müttern und Vätern angesprochen werden können, die vermittels des Themas Behinderung des Kindes zum Ausdruck kommen (vgl. Kap. 4).

Frühberatung bedeutet demnach ein Oszillieren zwischen thematischem (Bedeutung der Behinderung) und szenischem (unbewußte eigene Verletzungen) Verstehen.

Das Ziel des pädagogischen Prozesses in der Frühberatung ist die Herstellung einer »symbolischen Interaktionsform« (vgl. Lorenzer) und der Aufbau bzw. der Erhalt von Symbolisierungsfähigkeit (vgl. Lorenzer ebd. und Reiser ebd.). D. h., es geht um Aufbau bzw. Erhalt der Sprachfähigkeit, damit die traumatischen Erfahrungen ausgedrückt werden können.

Die Wichtigkeit der Frühberatung beruht in dem frühzeitigen Angebot dieses offenen dialogischen Prozesses, was eine Erweiterung der Erfahrungsbreite in der Interaktion mit sich bringt (vgl. Horkheimer 1975). Damit ist die Zielsetzung von Entfaltung, Befreiung, Selbstfindung und Wachstum im »befreienden Dialog« (Leber 1980) klar erkennbar. Die Frühberatungsarbeit erhält emanzipatorische Kraft (vgl. Lorenzer ebd.), wobei die Gestaltung des Weges der Autonomie der Mütter (und Väter) vorbehalten bleibt.

Psychoanalytische Pädagogik begreift die Mütter und Väter sowie die behinderten Kinder in ihrer jeweiligen subjektiven Struktur als in einem dialektischen Sinne in Auseinandersetzung mit den gesellschaftlichen Strukturen Gewordene. Ebenso ist der eigene gesellschaftliche »Verblendungszusammenhang« der PädagogInnen Gegenstand der Reflexion. Damit ist der Psychoanalytischen Pädagogik eine ideologiekritische Haltung immanent. Ideologiekritik bedeutet die »kritische Wendung gegen Zumutungen«, gesellschaftliche Zumutungen gegenüber Menschen mit Behinderungen, Zumutungen gegenüber Müttern und Vätern von (behinderten) Kindern, gesellschaftliche Zumutungen, die ihren Niederschlag in individuellen »Deformationen« (vgl. Lorenzer ebd.) und in deformierter Interaktion finden.

Wenn ich nun die Mütter behinderter Kinder in den Mittelpunkt des Interesses stelle, müssen die deformierenden Erfahrungen der Frauen und Mütter in dieser traditionell patriarchalen Gesellschaft mitreflektiert werden. Als Ansatzpunkt bietet sich der feministische Diskurs an, da feministische Forschung die Lebensrealität von Frauen aufdeckt, sich kritisch gegen Ideologien über Frauen wendet, diese korrigiert und Gegenentwürfe entwickelt, die den weiblichen Standpunkt autonom und gleichberechtigt zum Ausdruck bringen (vgl. Enders-Dragässer 1987d).

Die Grundstrukturen des Erlebens der Mütter – wie ich z. B. das Erleben von Frau K. und Frau L. dargestellt habe – werden auf dem Hintergrund der geschlechtsspezifischen Erfahrungen von Frauen und Müttern in unserer Gesellschaft gesehen. Das schließt klassenspezifische Unterscheidungen oder die Bedeutung von ethnischen und nationalen Erfahrungswerten sowie die Differenzierung nach sexueller Orientierung nicht aus (vgl. Segal 1989), sondern die »*soziale* Klasse Geschlecht« (vgl. Schröder 1983) ist die notwendige Differenzierung der übrigen Untersuchungsansätze. Auch der feministische Standpunkt ist, wie der psychoanalytische, ideologiekritisch, selbstreflexiv und hat eine emanzipatorische Absicht, wobei die entwickelten Theorien jeweils an der Lebensrealität der Frauen überprüft und modifiziert werden. Das Erkenntnisinteresse ist bei beiden ein »lebenspraktisch änderndes« (vgl. Lorenzer ebd.), wobei die Änderung in der autonomen Entscheidung der Frauen liegt.

Vom feministisch-psychoanalytischen Ansatz her eröffnet sich für die Frühberatung ein dreifacher Zugang:
- zur deformierenden Realität von Müttern und Frauen in dieser Gesellschaft,
- zum Erleben und der sozialen Situation der einzelnen Mütter behinderter Kinder,
- zum Erleben und der sozialen Situation der Professionellen.

Das Interaktionsangebot hat nicht zum Ziel, die Interaktion zwischen Mutter und Kind zu bewerten, zu kritisieren und zu verbessern, sondern es ist ein Angebot, in dem alle am Prozeß Beteiligten ihre Empfindungen zum Ausdruck bringen können und traumatische Erfahrungen nicht verdrängt werden müssen.

In diesem Sinne ist Frühberatung als Dialog eine herrschafts- und ideologiekritische Methode, in der die dialektische Beziehung von subjektivem Erleben und gesellschaftlicher Wirklichkeit reflektiert wird.

Dieser Weg ist nicht leicht, da er mit der Wahrnehmung von Kränkungen verbunden ist. Wir konfrontieren uns mit unseren persönlichen Verstrickungen in gesellschaftliche Bewertungen und müssen dies aushalten. Wir müssen ertragen, daß wir bei allem »aufgeklärten Bewußtsein« emotional häufig verzweifelt für uns schmerzhafte Inhalte abwehren. Wir müssen unsere eigenen beschädigten Seiten erkennen und darum trauern. Und wir müssen uns darauf einlassen, daß Trauer und Erkenntnis zusammengehören (vgl. Thürmer-Rohr 1988).

Insofern bin ich mir bewußt, daß das, was ich in diesem Buch beschreibe, kränkend ist, kränkend, weil es sowohl die Mütter als auch die Professionellen in der Frühberatung mit der Begrenzung der Bemühungen, mit der ideologischen Verblendung der Wahrnehmung und mit Schmerzen konfrontiert. Ich gehe aber davon aus, daß nicht im Verschweigen, sondern tatsächlich nur im Aufdecken und Aushalten Befreiung, Entfaltung und Selbstfindung erfahrbar werden.

Um den individuellen Prozeß der Mütter behinderter Kinder zu begreifen, ist es notwendig, zunächst die gesellschaftliche Situation von Frauen und Müttern zu beschreiben.

2
Die »höchste Vollendung der weiblichen Natur«

Frau K. (vgl. Einführung) sagt, daß eine Mutter ihre Tochter nicht hassen dürfe; Frau L. (vgl. Kap. 1) wird schwanger, da sie ihrem Mann ein Kind »schenken« möchte. Dies sind Aussagen, die ich in der Beratung oft gehört habe: »Als Mutter darf ich doch nicht; eine Mutter tut so etwas nicht; Mütter müssen doch« usw. Oder: »Ich wollte ein Kind, weil ich ›etwas Eigenes‹ wollte; mein Sohn sollte für meinen Mann sein« usw.

Wie kommen diese Vorstellungen und Erwartungen zustande, die die Mütter selbst bezüglich Mutterschaft ausdrükken? Welche Bedeutung haben Kinder für Mütter?

Die Erwartungen an Mutterschaft und an Kinder bestimmen sich aus der aktuellen Beziehungssituation der Frauen und aufgrund ihrer eigenen biographischen Erfahrungen.

Die umgebenden Menschen sind Vermittlungsinstanzen der Gesellschaft, so daß gesellschaftliche Vorstellungen, Normen und Erwartungen mittels der Interaktion in Menschen »einsozialisiert« werden, also in die Persönlichkeitsstruktur und Identität übernommen werden. Das bedeutet, daß die Subjektivität jedes Menschen eine gesellschaftlich gewordene ist, und zwar in dem dialektischen Prozeß der Anpassung an die Gesellschaft und der Individuation, also der Ausbildung der individuellen Unterschiedlichkeit. Die Vermittlung des kollektiven Wissens und der sozialen Normen findet sowohl sinnlich-symbolisch (also körperlich sinnlich vermittelt) als auch auf der sprachlichen Ebene statt (vgl. Lorenzer 1974; Reiser 1987). Wenn Frau K. oder andere Frauen demnach ausdrücken, was »eine Mutter« kann, darf und muß, oder Frau L. oder andere Frauen die Bedeutung des Kindes ansprechen, dann kommen darin Vorstellungen zum Ausdruck, die an die derzeitige hochindustrialisierte, urbane, patriarchale Gesellschaft gebunden sind und die im persönlichen Erleben der Frauen rückgekoppelt werden über die

Ausbildung einer entsprechenden Mutter-Identität und entsprechenden Vorstellung über die Bedeutung des Kindes.

Diese Vorstellungen von Mutterschaft, die Auswirkungen auf die soziale Situation der Frauen und die Bedeutung des Kindes gilt es zu begreifen.

Mutterschaft als sozial arrangierte Abhängigkeit

Mutterschaft in unserer Gesellschaft bedeutet für eine Frau, nicht nur biologisch Mutter zu werden, sondern schließt (meistens) die soziale Mutterschaft mit ein. Mutterschaft besticht durch eine exklusive Beziehung zwischen der Mutter und dem Kind (vgl. Chodorow 1985) und ist assoziativ mit herausragenden Emotionen wie Liebe, Güte, Gewährenlassen, Warmherzigkeit, Verzeihen, Aufopferung, Fürsorge besetzt. Wenn Frauen Mütter werden, bedeutet dies, daß sie für ihre Kinder verantwortlich sind, häufig z. B. Erwerbstätigkeit aufgeben oder, wenn sie erwerbstätig bleiben, die »Doppelbelastung« der Erwerbstätigkeit und der Fürsorge für ihr Kind zu tragen haben (bei Vätern spricht niemand von der »Doppelbelastung«). Die Argumentation beruft sich auf das »Kindeswohl«, das ohne diese exklusive Mutterschaft bedroht scheint.

Dieses heute fast »naturgegeben« wirkende soziale Arrangement der Mutterschaft war nicht immer so, sondern hat sich historisch entwickelt. Die exklusive und emotional mit dem Begriff der Mutterliebe hoch besetzte Mütterlichkeit kommt, wie Badinter (1981) für Frankreich zeigt, in den Schriften vor der Mitte des 18. Jahrhunderts nicht vor. Liebe galt zu der damaligen Zeit nicht als familialer und sozialer Wert, auch wenn es Liebe gab. Eheschließungen erfolgten aufgrund sozialer und ökonomischer Erwägungen und nicht aus Liebe. Bestimmend war die väterliche Gewalt, die dieser sowohl gegenüber den Frauen als auch gegenüber den Kindern ausübte, da das Leitmotiv der Gesellschaft die Erziehung zum fügsamen Untertanen war. Die meisten Familien litten große wirtschaftliche Not. Kinder wurden (z. T. wegen der hohen Zahl) als Last empfunden. Die Einstellung ihnen gegenüber war weitgehend von Gleichgültigkeit geprägt. Wegen der ökonomischen Not und der mangelnden Zuwendung waren die Kinder zum großen Teil erheblich verwahrlost. In den begüterten Klassen dieser Zeit wurden die Kinder zu Ammen gegeben. Die soziale Konvention ihnen gegenüber entsprach höchstens einem Pflichtgefühl (vgl. Badinter ebd.).

Mitte des 18. Jahrhunderts vollzog sich ein sozialer Wandel durch die Entstehung der Manufakturen und der damit verbundenen außerhäuslichen Produktionsweise.

Die ökonomische Veränderung war Ausgangspunkt einer Veränderung der Einstellung. In dem Maße, in dem die ökonomische Produktion wichtig wurde, gewann die Arbeitskraft der Menschen an Bedeutung, da sie in den Manufakturen und für militärische Zwecke gebraucht wurde. Menschen bekamen durch ihre Arbeitskraft einen kommerziellen Wert. Kinder wurden zum potentiellen und zukünftigen Reichtum des Staates, wobei der hohe Grad der Verwahrlosung sie sowohl für das Militär als auch als Produktivkräfte ungeeignet machte. Ihre Lebensrealität stand im eklatanten Widerspruch zu dem neu entdeckten Produktionswert (Badinter ebd.).

Die damalige Gesellschaft war bereits eine patriarchale, in der die sozio-ökonomische Macht in den Händen der Männer lag. Die Männer als Untertanen wurden schon in der Produktion und im Militär eingesetzt. Da die Kinder aber mehr Pflege und Fürsorge brauchten, um ihren Produktionswert nicht zu mindern, blieben die Mütter, um diese Aufgabe zu übernehmen. Der Ruf nach Mutterliebe korrespondierte mit diesem sozio-ökonomischen Wandel, wobei Rousseaus Erziehungsroman »Émile« (erstmals erschienen 1762) als Markierungszeichen dieses Wandels der Einstellung betrachtet werden kann. In diesem Roman drückt sich die Entstehung der modernen Familie, die auf Mutterliebe gründet, aus (Badinter ebd.). In den Schriften nach 1762 wird Mutterliebe als gesellschaftlicher und sozialer Wert verherrlicht, die Produktion der Untertanen als Reichtum des Staates betont. Den Frauen wurde durch die Übernahme dieser Verantwortung Gleichheit und soziale Bedeutung suggeriert. Die endlosen Freuden der Mutterschaft wurden gerühmt. Sie wurde zur beneidenswerten Tätigkeit.

Die Frauen übernahmen diese Veränderung der Einstellung zum Teil voller Hoffnung, zum Teil zögerlich und unter sozialem Druck. Zumindest in den begüterten Klassen hofften sie, eine Aufgabe gefunden zu haben, die ihnen Gleichheit und Bedeutung ermögliche und die die Männer nicht ausführen konnten oder wollten.

Badinter (ebd.) faßt diese historische Entwicklung zusammen, indem sie feststellt, daß im 18. Jahrhundert der Gedanke der elterlichen Verantwortung für die Kinder aufkommt (parallel zur Betonung der Produktion und des Produktionswertes der Menschen), im 19. Jahrhundert dieser Gedanke voll aufgenommen wird, dabei aber schon die Verantwortung der Mutter hervorgekehrt wird. Sie sieht, daß im 20. Jahrhundert der Gedanke der mütterlichen Verantwortung eine Umwandlung in den der mütterlichen *Schuld* erfährt.

Zunächst ist festzuhalten, daß Mutterschaft, das soziale Arrangement und die damit verbundene emotionale Bedeutung, so wie sie heute gelebt wird, das Ergebnis eines historischen Prozesses ist, eines Prozesses, der auf ökonomischen und patriarchalen Gesellschaftsbedingungen beruht. Die Verantwortung für die Kinder wurde in diesem Prozeß des sozialen Wandels privatisiert und zur Verantwortung der Familie und, zunehmend, zur Verantwortung der Mütter.

Mit dem Abstand zu dieser historischen Entwicklung erscheint es mir möglich, das Mitmachen der Frauen damals unter dem Begriff der »Mittäterschaft« von Thürmer-Rohr (1989) zu betrachten. »Mittäterschaft« ist eine politische Kategorie und besagt, daß Frauen »mit dem Täter«, dem Mann, handeln, so daß dessen sozio-ökonomische und kulturbestimmende Macht erhalten bleibt (vgl. Thürmer-Rohr ebd.). Mittäterschaft bedeutet nicht, daß dies bewußt und absichtlich geschieht, und sagt zunächst nichts über subjektive Entscheidungen von Frauen im Sinne einer persönlichen Schuldfrage aus. Die subjektiven Motive der Frauen (z. B. Hoffnung auf Wert) können ganz andere als die der Männer (z. B. Erhalt der kulturbestimmenden Macht) sein. Vielmehr beinhaltet »Mittäterschaft« als politischer Begriff, daß es möglich ist, den sozialen Wandel unter dem Aspekt der historisch-politischen Verantwortung der Frauen als soziale Klasse zu begreifen, eine Verantwortung für den Erhalt männlicher Macht und patriarchaler Bedingungen.

Mit dem Aufkommen der Mutterliebe als sozialem und familialem Wert vollzogen die Frauen damals den Wandel der Einstellungen, da sie sich Gleichberechtigung und soziale Bedeutung erhofften. Dies war jedoch ein Trugschluß. Frauen und Mütter blieben und bleiben weiterhin von sozialer, kultureller und ökonomischer Macht und Bedeutung ausgeschlossen. Die soziale Stellung der Frauen verbesserte und verbessert sich durch Mutterschaft nicht.

Tatsächlich stabilisiert sich über die exklusive Mutterschaft die männliche Macht und der Ausschluß der Frauen aus dem kulturellen und sozio-ökonomischen Bereich.

Denn durch die Zuweisung und Übernahme der vollständigen Verantwortung für die Fürsorge des Kindes wurde und wird »das Kind zum unangefochtenen König« (Badinter ebd., S. 14). Das hat zur Folge, daß der Mann nicht nur für sich, sondern auch im Namen des Kindes das Aufgeben der für ihn lästigen Autonomiebestrebungen der Frauen fordern konnte und kann. Das Kind wird zum psychologischen Druckmittel der Männer gegenüber Frauen. Das »Kindeswohl« kann den Frauen entgegengehalten werden, wenn Frauen für sich mehr als Kinderpflege wollen.

Ich muß aus meiner Beratungstätigkeit an einen Mann denken, der seiner Frau »verboten« hatte, erwerbstätig zu sein, als sie schwanger war. Sein Argument war das »Kindeswohl«. Er wolle nicht, daß sein Kind durch die Erwerbstätigkeit, die dieser Frau sehr viel Freude bereitete, »Schaden erleide«. Damit das Kind »in gesunder Luft« aufwachse, zogen sie in ein kleines Dorf mit miserablen öffentlichen Verkehrsbedingungen. Das Familienauto brauchte der Mann für die täglichen Fahrten zur Arbeitsstelle. Die Frau, »seine« Frau, stimmte zu, da sie ja viel gelesen hatte und wußte, daß ein Kind »die Mutter braucht«. Sie wollte eine »gute« Mutter sein, und so wußte sie auch, wie gut Landluft und Spielmöglichkeiten für ein Kind sind. Sie selbst fühlte sich mit ihrem Kind »wie im Gefängnis«, wurde »bald verrückt«, hatte das Gefühl, in ihrer Isolation »durchzudrehen«, sehnte sich nach der Stadt, nach KollegInnen, nach anderen Inhalten als nur Kindesversorgung. Sie hatte Schuldgefühle wegen dieser Sehnsüchte und Wünsche, die sie als egoistisch empfand. Diese Frau war über das »Kindeswohl« erpreßbar geworden. Sie gab für ihr Kind alles auf. Hinter dem Argument des Kindeswohls blieben die Motive des Mannes für sein Handeln – Macht, Eifersucht, Besitzansprüche usw. – verdeckt und mußten von ihm nicht in die Verantwortung genommen werden.

Was die Stellung der Väter angeht, so sagt Badinter (ebd.), muß gerechterweise gesagt werden, daß sie auch ihrer Väterlichkeit beraubt wurden, indem ihnen und nur ihnen allein eine wirtschaftliche Funktion zuerkannt wurde. Ihre Tätigkeit ist fremdbestimmt durch Anforderungen der kapitalistischen Warenproduktion und einem daraus resultierenden Stundenplan. Infolgedessen haben sie eine große Distanz zur Reproduktionsarbeit des häuslichen Bereichs, zu ihren Kindern und den damit verbundenen prozeßhaften Aufgaben, den nicht produktorientierten Arbeiten. Wenn sich Männer dieser Entfremdung vom Kind individuell widersetzen, so wird ihre Situation der der Frauen vergleichbar. Es bedeutet Machtverlust, ökonomische Einbußen, Verlust der Teilhabe am kulturellen Leben und Abstand zur Männlichkeitsideologie (vgl. Nadig 1987).

Der historische Prozeß erfährt zwar heute einige Brüche, indem Frauen sich selbstbewußt z. B. als »Rabenmütter« (vgl. Leyrer 1987) zu Wort melden. Gleichzeitig gibt es aber auch reaktionäre Stimmen wie z.B. Blunck, der in der Fachzeitschrift für KinderärztInnen ganz ungeniert schreiben kann, daß das Kind die »höchste Vollendung der weiblichen Natur« sei (Blunck 1987, S. 1491). Blunck beschwört, daß der »halbmännliche Karrierewunsch« der Frauen den »bedrohlichen Kinderschwund« nach sich zieht und daß die Alternative für Frauen ist, »auf eine Berufskarriere zu verzichten, um mit Mann und Kindern das Glück in der Lebensgemeinschaft einer Familie zu finden« (ebd., S. 1491). Denn nach Blunck ist eine Frau eine Frau und träumt vom Kind, wobei der Staat ihr die wirtschaftliche Gleichberechtigung mit der ökonomischen Anerkennung der Hausfrauentätigkeit zubilligen sollte. Blunck schließt: »Dann werden wir Frauen erleben, die im Bewußtsein einer neugewonnenen Würde wieder bezaubernd sind, wie sie es immer waren. Wichtig ist, daß bald wieder das Lob der Nur-Hausfrau zu hören ist: ›Wer einen guten Braten macht, hat auch ein gutes Herz‹« (ebd.,S. 1492).

Dieser Artikel hat tatsächlich das Erscheinungsjahr 1987

(und nicht etwa 1787!). Blunck argumentiert mit den Kindern und vertritt eine Mutterideologie übelster Prägung, garniert mit der pseudo-fortschrittlichen Forderung nach ökonomischer Gleichstellung der Mütter für die Hausfrauenarbeit. Diese Mutterideologie ist immer noch gesellschaftliches Leitbild und wird auch von Frauen immer wieder übernommen (vgl. »Müttermanifest« in: Beiträge zur feministischen Theorie und Praxis 1980), wodurch sich die Frauen selbst schwächen, indem sie auch die gesellschaftliche Spaltung in Frauen mit und Frauen ohne Kind übernehmen. Daher »weiß« z. B., wie eingangs erwähnt, Frau K., daß eine Mutter ihre Tochter nicht hassen »darf«. Daher haben Mütter Schuldgefühle und nehmen für das Kindeswohl jede Isolation, Einengung und das Aufgeben der eigenen Autonomieansprüche in Kauf.

Dadurch, daß die tatsächliche Abhängigkeit und Bedürftigkeit des Kindes zur Verantwortung *der* Mutter, also einer einzelnen Frau wurde, wird die Identität der Frauen an das Kind gekoppelt. Das »gelungene« Kind ist die »Leistung« der Mutter, das »mißlungene« ihr persönliches »Versagen«. In einer pluralistischen Gesellschaft mögen dabei die Maßstäbe für Ge- bzw. Mißlingen in verschiedenen Gruppierungen und Umwelten verschieden sein. Die Definitionsmacht der jeweils Herrschenden manifestiert sich jedoch in Institutionen, wie z. B. in der Schule. Bei Schulproblemen der Kinder wird – und viele Mütter kennen diesen Mechanismus – zuerst nach dem Handeln der Mütter geschaut. Die Mütter werden zum Schuttabladeplatz, aber auch zum »Putz- und Entseuchungsmittel« (vgl. Thürmer-Rohr 1988) aller möglichen institutionellen, politischen und sozialen Probleme, die erst gar nicht mehr erörtert werden. Da den Frauen diese Mutterideologie einsozialisiert wurde, reagieren sie bei Schwierigkeiten des Kindes mit Schuldgefühlen und der sofortigen Frage: »Was habe ich falsch gemacht?« Mütter suchen zuerst die Schuld bei sich und hinterfragen nicht mehr z. B. die Institution Schule. Die sozial arrangierte Abhängigkeit zwischen Mutter und Kind und die Mutterideologie werden damit zum persönlichen Problem der Frauen.

Mir geht es nicht darum, daß Mütter nicht Fehler machen können, sondern daß, gemessen an dem Mythos der Mütterlichkeit, jede Frau versagen muß, da die Ideologie keiner menschlichen Realität entspricht. Zudem wird durch die Ideologie der Blick dafür verstellt, daß die soziale Wirklichkeit, die die Fürsorge für ein Kind (oder mehrere Kinder) in die alleinige private Verantwortung eines Menschen stellt, eine unzumutbare Situation für Mutter und Kind bedeutet.

Es ist heute hinlänglich bekannt, wie sehr Kinder gerade in den ersten Lebensjahren auf Zuwendung, Liebe und Fürsorge angewiesen sind (vgl. Spitz 1973), also auf das »Muttern«, wie Chodorow (ebd., S. 10) es nennt. Gerade die überragende Angewiesenheit des Kindes auf eine bedürfnisbefriedigende Person, bei der es Schutz und emotionale Linderung erfahren kann (vgl. Bettelheim 1980), verdeutlicht die Unzumutbarkeit, diese umfassende Fürsorge in die Verantwortung eines Menschen, der persönlichen Mutter, zu stellen. Wenn die Bedürftigkeit des Kindes als Angewiesenheit auf symbolische Mutterschaft begriffen wird, so kann dies auch ein kleiner konstanter Kreis dauerhafter Bezugspersonen sein (vgl. Chodorow ebd.), von denen das Kind Wertschätzung, Liebe, Fürsorge, Pflege und ein Interaktionsangebot, also eine Umwelt erfährt, die für das Kind gut genug ist. Um diese Verwechslung mit der persönlichen Mutter weiterhin zu vermeiden, bevorzuge ich, die kindliche Bedürftigkeit nach der symbolischen Mutterschaft gemäß Chodorow (ebd.) durch das Verb »muttern« zu ersetzen, da es die Tätigkeit ausdrückt, fürsorglich zu einem Menschen in Beziehung zu treten, eine Tätigkeit, die einer allgemein menschlichen Fähigkeit entspricht und nicht an eine Person bestimmten Geschlechts gebunden ist.

Wenn ein überschaubarer Kreis konstanter Bezugspersonen »muttert«, dann sind die reale Mutter und das Kind sich nicht mehr derartig gnadenlos ausgeliefert, mit allen daraus erwachsenden individualisierten Problemen für die mütterliche und die kindliche Identität. In einem solchen veränderten Arrangement der sozialen Verwantwortung für die Kindheit könnten Mütter auch das Recht wahrnehmen, das ihnen heute aufgrund der Ideologie abgesprochen wird. Sie könnten z. B. ihr Kind hassen (ebenso könnte auch das Kind die Mutter hassen). Die Mütter müßten solche Gefühle nicht mehr verdrängen und abwehren bzw. deshalb Schuldgefühle empfinden, sondern könnten sie in die Verantwortung nehmen. Für das Kind wären andere Personen da, die fürsorglich zu ihm sind, die ihm Schutz, Linderung und die Anerkennung geben, die es zur Selbstwerdung braucht.

In der derzeitigen institutionalisierten Form der Familie haben Mutter und Kind in der Regel nur eine Unterstützungs- bzw. Ausgleichsperson, den Vater. Der einzelne Mann ist mit dieser Aufgabe ebenso überlastet, zumal der Vater durch Berufstätigkeit meist abwesend ist.

Sozialer Wandel vollzieht sich nicht in der Schnelligkeit, die notwendig wäre, um das wechselseitige Ausgeliefertsein von Mutter und Kind zu lösen. Vielmehr reproduziert sich der historische Prozeß heute in der geschlechtsspezifischen Arbeitsteilung, in der die Frauen dem häuslich privaten Bereich und die Männer dem außerhäuslich öffentlichen Bereich zugeordnet sind und sich zuordnen (vgl. Chodorow ebd.).

Diese Arbeitsteilung, die die Frauen aus dem öffentlichen Bereich fernhält und männliche sozio-ökonomische und kulturelle Macht sichert, führt zur Ausbildung der jeweiligen Geschlechtsidentitäten von Frauen und Männern (vgl. Hagemann-White 1984) und der entsprechenden Aufteilung menschlicher Fähigkeiten (wie z.B. »Muttern« bei Frauen oder Durchsetzungsvermögen bei Männern) in spezifisch weibliche und männliche. Wenn Frauen heute »muttern«, so liegt dies nicht in der »Natur« der Frauen begründet, sondern in der Einsozialisierung dieser Fähigkeit und deren Reproduktion in der geschlechtsspezifischen Arbeitsteilung. Wenn Männer nicht oder weniger »muttern«, so geschieht das nicht, weil sie es nicht prinzipiell können oder weil es ihrer »Natur« widerspricht, sondern weil diese Fähigkeit in ihrer Sozialisation keine Bedeutung für Männlichkeit erhält und diese im außerhäuslichen Bereich nicht gefragt ist und reproduziert wird. Diese spezifische Aufteilung der Fähigkeiten ist nicht an sich problematisch, da ja auch von einer gleichberechtigten Ergänzung ausgegangen werden könnte. Sie ist deshalb aber katastrophal, weil die sogenannten weiblichen Fähigkeiten im privaten Bereich ausgebeutet werden und Frauen sich ausbeuten lassen und weil mit dieser Aufspaltung der Fähigkeiten und Arbeitsbereiche der Ausschluß von Frauen aus dem kulturellen und öffentlichen Bereich verbunden ist. Die damit einhergehenden Auswirkungen auf die Frauen gilt es, deutlicher auszuleuchten.

Auswirkungen auf die Frauen

Wie die Realität der Mütter in einer urbanen Gesellschaft aussieht, beschreibt Nadig (1987) in ihren »ethnopsychoanalytische(n) Überlegungen«, wobei sie sich auf die urbane Industriegesellschaft der Schweiz bezieht (in Gegenüberstellung zu einer indianischen Bauernkultur von Yucatán). Was Nadig über die Situation der Mütter in der Schweiz beschreibt, scheint sich durchaus auch auf die Situation der BRD übertragen zu lassen (vgl. auch Kitzinger 1983).

Durch die Aufteilung in öffentliche und private Sphäre, Nadig spricht von Kultur und Familie, bedeutet die Mutterschaft einen starken Einschnitt in das Leben der Frau. Durch das Kind werden die Frauen sozial und ökonomisch vom Partner abhängig, was einen tendenziellen Verlust an Erwachsenheit und Autonomie bedeutet und eine tendenzielle Entmündigung, da die Frauen wegen der Mutterschaft meist die Erwerbstätigkeit aufgeben oder erst gar nicht beginnen. Der soziale und materielle Raum schränkt sich ein, Mütter sind stärker an die Wohnung gebunden und isoliert. Soziale Kontakte reduzieren sich, der Tagesablauf wird durch die Versorgung des Kindes bestimmt. Mütter können nur erschwert an gesellschaftlichen Ereignissen teilnehmen, da die Versorgung der Kinder Priorität hat. Die Frauen erhalten lediglich einen ideologischen Prestigezuwachs, indem sie die erwartete Weiblichkeitsrolle (Vollständigkeit einer Frau durch das Kind) ausfüllen (Nadig ebd.).

Die Geburt selbst findet häufig in Krankenhäusern statt, wo die Frauen mit meist unbekannten Personen konfrontiert sind. Die Frauen werden dort wenig angefaßt und gehalten; Berührung erfolgt mehr über Maschinen als durch Menschen. Es kann davon ausgegangen werden, daß die Tendenz zur ambulanten Geburt auch deshalb steigend ist, weil die Frauen weniger bereit sind, sich in dem unbekannten Milieu des Krankenhauses versorgen zu lassen.

Nach der Geburt sind die Frauen mit ihren Kindern und dem Haushalt in der Wohnung ebenfalls meist alleine, wodurch sie von der emotionalen Zuwendung des Mannes abhängig werden. Für Probleme stehen institutionalisierte Hilfen zur Verfügung (Nadig ebd.), wie z. B. Mütterberatung, Frühberatung, Erziehungsberatung usw. Statt sozialer Bewältigungsformen werden technische Hilfen oder professionalisierte Beziehungen angeboten.

Nadig (ebd., S. 99) schreibt: »Die ideologische Spaltung zwischen Familie und Kultur zwingt die Frauen oft zum Verzicht, sei es der gesellschaftlichen Aktivität oder der Mutterschaft.

Durch den zivilisatorischen Prozeß und die damit verbundene Verinnerlichung von sozialen Normen und Forderungen ist die primäre Mütterlichkeit zu einer individuellen psychischen Leistung geworden. Die Mutterschaft wird aus dem öffentlichen kulturellen Raum herausgelöst und in den Privaträumen isoliert. Die zu erbringende emphatische Beziehung zwischen Mutter und Säugling ist nicht von der sozialen Gruppe und kulturellen Ritualen getragen, sondern die Frau ist allein und aus sich heraus dafür verantwortlich. Die Verhaltensweisen der primären Mütterlichkeit erscheinen jetzt als Ursache der Isolation. Damit ist die Distanz zur Kultur festgelegt.«

Diese aus der sozialen Verantwortung losgelöste Mutterschaft bedeutet also für Mütter Isolation und Alleingelassensein, sozio-ökonomische Abhängigkeit vom Partner, technische und institutionalisierte Hilfe statt mitmenschlicher Bezogenheit sowie Verzicht auf kulturelle Teilhabe. Der soziale Prestigezuwachs, durch das Kind eine »vollständige« Frau zu sein, wirkt gegenüber diesen genannten Einbußen eher dürftig und kläglich.

Wenn wir uns die täglichen Arbeiten der Mütter anschauen, so werden die »endlosen Freuden« der Mutterschaft zum Hohn. Die Arbeit der Frauen im Haus ist gekennzeichnet durch ständige Wiederholungen ohne spezifischen Anfang und Ende (aufräumen, putzen, kochen, waschen, wickeln, füttern usw.), ohne feste Arbeitszeiten (wenn das Kind nachts schreit, kann die Mutter nicht auf ihrem »Feierabend« und der ungestörten Nachtruhe bestehen), ohne Wochenendruhe, ohne Urlaubsanspruch, ohne die Möglichkeit, sich krank schreiben zu lassen. All das, was für die außerhäusliche Tätigkeit des Mannes als selbstverständlich gilt, ist für die Arbeit der Mütter außer Kraft gesetzt. Sie bleibt in der Unsichtbarkeit und wird gemäß dem gesellschaftlichen Doppelstandard von Arbeit und Liebe (vgl. Enders-Dragässer 1987b) nicht als Arbeit anerkannt, sondern dem Bereich Liebe zugeordnet.

Der gesellschaftliche Doppelstandard besagt, daß, je nachdem welche Person in welchem Kontext eine Arbeit ausführt, die identische Arbeit als Arbeit oder Nicht-Arbeit anerkannt wird (vgl. Enders-Dragässer ebd.). Das läßt sich an einem simplen Beispiel verdeutlichen.

Es gilt als selbstverständlich, daß Mütter mit ihren Kindern spielen, aus Liebe und um ihr Kind zu fördern. Diese Arbeit findet bei Müttern keinerlei Beachtung. Wenn Väter mit ihren Kindern spielen, so wird dies gesehen und wahrgenommen, verbunden mit Assoziationen, daß dies doch liebevolle, fürsorgliche, »neue« Väter sind. Wenn ErzieherInnen im Kindergarten mit Kindern spielen, so gilt dies als Arbeit und wird entlohnt. Allerdings ist die Arbeit der ErzieherInnen so nahe an dem Mutterarbeitsbereich »Liebe«, daß ihre Arbeit in der pädagogisch professionellen Hierarchie am unteren Ende rangiert. Ihr soziales Prestige ist nicht so hoch wie z. B. bei GymnasiallehrerInnen, und ihre Bezahlung ist schlecht.

Es wird aber deutlich, daß, je nachdem, wer welche Arbeit in welchem Kontext leistet, dies unterschiedlich bewertet und gesehen wird.

Indem die Arbeit der Mütter nicht als schwerste physische und psychische Arbeit anerkannt wird, wird verdeckt, daß diese Arbeit notwendig ist, damit das ökonomische System so funktionieren kann, wie es funktioniert – und das aus »Liebe«!

Die tägliche Erziehungsarbeit und Hausarbeit der Mütter findet in der Wohnung statt, die damit für die Mütter gleichzeitig Arbeitsplatz, Erholungsstätte, Schlafstätte, Ort für Genuß und Vergnügen ist, verbunden mit eingeschränkten Interaktionsmöglichkeiten, da das Kind mit seinen Bedürfnissen sie voll in Anspruch nimmt. Abgrenzungen werden dadurch schwieriger bis unmöglich, da alles ineinanderfließt.

Wenn z. B. eine Mutter mit einer Freundin spricht (Erholung, Interaktion auf der Erwachsenenebene), erfolgt eine Unterbrechung. Ihr Kind muß zur Toilette. Sie muß die Hose aufknüpfen, den Po abwischen usw. Während dieser Kinderarbeit spricht sie vielleicht mit ihrer Freundin weiter. Aber die Erholung ist unterbrochen, die Mutter ist unkonzentriert, spricht mit der Freundin, gleichzeitig mit dem Kind, führt dazwischen pflegerische Handlungen aus. Der Toilettenbesuch des Kindes ist erledigt. Vielleicht hat das Kind jetzt Durst und möchte etwas trinken. Die Mutter spricht und handelt wieder auf mehreren Ebenen. Das Kind geht zum Spiel zurück. Sie kann wieder erholsam mit der Freundin sprechen. Plötzlich schaut sie auf die Uhr. Sie setzt schnell das Essen auf, da ihr Mann bald nach Hause kommt. Das ist wiederum eine Unterbrechung der Erholung, um Hausarbeit zu erledigen.

Dies mag genügen, um die fließenden Übergänge und die fehlenden Abgrenzungen zu verdeutlichen, in denen sich Mütter in der Alltagsroutine verschleißen.

Goffman (1973) beschreibt als Merkmale »totaler Institutionen«, wie z. B. Psychiatrie, Gefängnis o. ä., daß Arbeitsplatz, Schlafplatz und Spielmöglichkeit nicht voneinander getrennt sind und daß die Kommunikation mit sozialen Gruppierungen eingeschränkt ist bzw. untersagt wird. Die Merkmale, die Goffman nennt, entsprechen einem männlichen Lebensmuster mit getrennten Aufenthaltsbereichen und wechselnden Kommunikationsmöglichkeiten. Die Lebens- und Arbeitssituation der Mütter mutet wie eine totale Institution an. Die Mütter sind vom sozialen und kulturellen Leben abgeschnitten, ohne Trennung zwischen Arbeits- und Schlafplatz und Erholungsmöglichkeiten.

Es läßt sich einwenden, daß Mütter ja nicht »bewacht« werden, wie dies in totalen Institutionen üblich ist. Dem möchte ich entgegnen, daß die Versorgung des Kindes jede »Bewachung« ersetzt, da die Mutter umfassend und oft unablässig davon in Anspruch genommen wird. Wenn ich z. B. an Frauen denke, die in Hochhäusern wohnen, so können diese Frauen und die Kinder meist keinen Schritt ohne einander tun. Selbst wenn die Kinder fünf Jahre alt und durchaus recht selbständig sind, verhindert alleine der Fahrstuhl wegen der viel zu hoch angebrachten Etagenknöpfe, daß die Kinder alleine weggehen und die Mütter Zeit für sich und für ihr Vergnügen hätten. Die Kinderfeindlichkeit unserer Umwelt (Hochhäuser, dichtes Verkehrsaufkommen, ungenügende nachbarschaftsnahe Spielräume usw.) domestiziert die Mütter und reduziert ihren Aktionsradius zusätzlich. Es lassen sich noch weitere Analogien zu Goffmans Beschreibung der totalen Institution herstellen, nämlich die Auswirkungen auf die Identität. Bei den Müttern ist ein schleichender Abbau des Zutrauens in ihre Interaktionsfähigkeiten festzustellen und die sukzessive Reduzierung ihrer Fähigkeiten, sich im öffentlich-kulturellen Raum zu bewegen, was Nadig (ebd.) als Verlust an Erwachsenheit und tendenzielle Entmündigung beschrieben hat. Die Verbindung ihres Lebens zur totalen Institution sprechen Mütter selbst auch immer wieder an: Sie fühlen sich »wie im Gefängnis«, wie »eingesperrt«, wie »im Käfig«, die »Decke fällt ihnen auf den Kopf«, und sie haben das Gefühl, »verrückt« zu werden. Ich empfinde die Gefühle der Frauen nicht als pathologisch – vielmehr sind sie leicht nachfühlbar –, sondern es ist die soziale Situation, die bisher solche Aussagen von Frauen ignoriert hat und den Müttern eine derartige Lebensrealität als »Mutterglück«, als »Liebe«, als erstrebenswerten Lebensentwurf anpreist.

Aufgrund der bisherigen Lebensalternativen – Kind oder Beruf z. B. – und auf dem Hintergrund der einsozialisierten Vorstellungen von Weiblichkeit und Mutterschaft übernehmen Frauen Mutterschaft als individuelle psychische Leistung. Nadig nennt es die »Identifikation mit der Ideologie der Rolle« (ebd., S. 103). Durch diese Übernahme vergrößert sich der Abstand zur öffentlichen Sphäre der Kultur. Die geschlechtsspezifische Aufteilung wird auf der psychischen Ebene reproduziert, da Frauen und Männer entsprechende Selbstbilder und Vorstellungen über Kultur und Familie entwickeln. Nadig (ebd.) stellt fest, daß durch diesen Prozeß Frauen geschwächt, Männer dagegen gestärkt werden und daß kaum neue Lösungsansätze entwickelt werden. Diese Schwächung der Position der Frauen und Stärkung der Position der Männer knüpft wiederum an den Begriff der »Mittäterschaft« an, den ich bereits, historisch rückblickend, erwähnt habe. Indem Frauen die »Ideologie der Rolle« Mutterschaft übernehmen, schwächen sie ihre eigene Position und tragen durch die Stärkung der Position des Mannes mit dazu bei, daß männliches Machtstreben ungebrochen weiterexistiert und die Zerstörung der Welt durch von Männern entwickelte Technologien voranschreitet. Die privatisierte Mutterschaft ist somit funktional für patriarchale Gesellschaftsstrukturen.

Die Männer bleiben die verantwortlichen Täter, aber Frauen können sich nicht auf die »weiblichen Tugenden« und die »Unschuld« der privaten Sphäre zurückziehen, da genau die private Sphäre und die weiblichen Fähigkeiten die Funktion haben, männliche Macht ungebrochen zu tradieren (vgl. Thürmer-Rohr 1988, 1989). Es ist zu fragen, welche positive Bedeutung, außer dem eher dürftigen Prestigezuwachs, noch in der Übernahme der »Identifikation mit der Rolle« liegt, so daß Frauen die privatisierte Mutterschaft für erstrebenswert halten. Thürmer-Rohr (1988) spricht davon, daß die Frauen, indem sie mittun, Sympathieverlust, Ablehnung, Verurteilung vermeiden wollen, womit sie rechnen müßten, wenn sie die Rolle ablehnen, und daß Frauen durch die Übernahme der ihnen zugedachten Rolle versuchen, ein »Heimatrecht« in der Männergesellschaft zu erhalten, in einer Gesellschaft, in der sie im kulturellen und ökonomischen Leben keinerlei oder nur geringfügige Bedeutung haben. Der Handlungsspielraum für selbstbestimmte Lebensentwürfe für Frauen ist eher schmal und bedeutet für ihr persönliches Leben, sich auf das Gefühl der »Heimatlosigkeit« (vgl. Thürmer-Rohr 1988) einzulassen, da sie sich im öffentlich-gesellschaftlichen und kulturellen Rahmen in Identifikation mit ihrem Geschlecht nicht wiederfinden können.

Ich möchte an dieser Stelle noch einmal ausdrücklich darauf aufmerksam machen, daß es sich bei der »Mittäterschaft« um eine politische Kategorie, allerdings mit subjektiver Auswirkung handelt. Es geht nicht darum, daß Frauen sich jetzt individuell die Schuld für die Existenz des Patriarchats geben. Zum Erhalt des Patriarchats, der Herrschaft des Mannes über Ökonomie, Technologie und Kultur gehören auf der gesellschaftlichen Ebene all die Abmachungen der Ökonomie in dieser komplexen Industriegesellschaft sowie klassenspezifische Faktoren, nationale und ethnische Vereinbarungen, verbunden mit heterosexuellen Normierungen, die z. B. von Institutionen wie den christlichen Kirchen vertreten werden (vgl. Segal 1989). »Mittäterschaft« als soziales Phänomen findet allerdings, vermittelt durch die Interaktion, ihren Niederschlag im persönlichen Erleben der Frauen. Mir scheint gerade die Situation der Mütter wegen der Verantwortung für das Kind eine besonders schwierige zu sein, da diese Verantwortung ihre psychische und physische Energie umfassend in Anspruch nimmt. Wenn die Beziehung zum Mann nicht gewalttätig ist, so daß Leib und Leben der Frau real bedroht sind, haben Frauen (vor allen Dingen die bürgerlichen) die Gebote und Anforderungen des Mannes an Mütterlichkeit verinnerlicht und zu ihrem Selbstbild werden lassen. Dieser Prozeß funktioniert besser und systemstabilisierender, als wenn Männer mit »sakrosankter Autorität« (vgl. Badinter ebd.) Frauen unterdrücken. Denn die Mütter leiden unter erheblichen Schuldgefühlen, wenn sie ihre Überforderung und Unzufriedenheit spüren. Die patriarchale Norm ist zur inneren Norm, zum Über-Ich der Frauen geworden (vgl. Thürmer-Rohr 1988). Damit wird das soziale Arrangement der Mutterschaft nicht mehr in Frage gestellt, sondern durch Schuldgefühle und Selbstvorwürfe eher stabilisiert, wodurch die Frauen sich wiederum selbst schwächen.

In der Beratung habe ich oft erlebt, daß die Mütter so tun, als ob sie die »Ideologie der Rolle« ausfüllen könnten. Dieses »So-tun-als-ob« (vgl. Thürmer-Rohr 1988) hielten sie so lange aufrecht, bis sie das Vertrauen hatten, von der Realität zu erzählen. Hinter dem äußeren Bild der warmherzigen, guten Mutter traten oft die persönliche Überforderung und Ermüdung, Abstumpfung und Gleichgültigkeit, Wut und Aggression gegen die Kinder, Haß auf den Mann, der einfach weggehen kann, zutage. Die Mutterqualitäten, von denen die meisten Mütter geträumt hatten und die sie als Fähigkeiten in sich fühlten, gingen in der Alltagsroutine, den ständigen Anforderungen durch die Kinder, der Zerrissenheit des Tages unter und wurden in der permanenten Beziehungsarbeit ohne Regenerations- und Rückzugsmöglichkeiten verschlissen.

Viele Mütter erlebten ihre Situation als ausweglos, da ihnen häufig die Versorgung der Kinder ungesichert erschien oder da sie fürchteten, die Beziehung zu ihrem Partner zu gefährden, wenn sie Wünsche und Sehnsüchte nach Freiräumen und Selbstbestimmung in sich zuließen. Andere wiederum fühlten sich ängstlich, unsicher, trauten sich nichts mehr zu oder sahen wegen einer fehlenden Berufsausbildung oder eines Sonderschulabschlusses keine Möglichkeit für sich, andere Wege zu gehen.

Nach der herrschenden Mutterideologie dürfte es diese autonomen Ansprüche der Frauen gar nicht geben. Sie werden geleugnet. Für die von den Müttern genannten Emotionen wie Aggression, Ambivalenz, aber auch Prozesse der Regression sowie für die umfassenden Schuldgefühle stehen wenig soziale Kanäle zur Bewältigung zur Verfügung. Mutterschaft gilt als etwas individuell Machbares und zu Leistendes (vgl. Nadig ebd.).

Das soziale Arrangement wirkt sich auf die Mutter-Kind-Beziehung so aus, daß die enge Mutter-Kind-Dyade, die nur für eine relativ kurze Zeitspanne sinnvoll und notwendig ist, verlängert wird, woraus sich ungelöste Bindungen und Abhängigkeiten zwischen Mutter und Kind ergeben, da konstante dritte Beteiligte fehlen (vgl. Nadig ebd.). Für den Umgang mit dem Kind gibt es für die ersten Lebensjahre nur wenig bindende Handlungsanweisungen und kaum verbindliche soziale Verantwortung durch umfassende zwischenmenschliche Beziehungen und Gruppenzusammenhänge, die der Mutter Bewältigungsformen bieten könnten und ein Interaktionsangebot für Mutter und Kind wären. Es existieren lediglich »eine Unzahl abstrakter oder ideologischer Bilder, die sie als Mutter und das Kind als zukunftsträchtiger Sprößling erfüllen müssen« (Nadig ebd., S. 102).

Da soziale Verantwortung für Mutterschaft und Kindheit nicht übernommen wird, bleibt den Müttern neben dem vermeintlichen »Heimatrecht« in der Männergesellschaft nur ein »Lohn«: Es ist die relative Freiheit, mit ihrem Kind machen zu können, was sie wollen – allerdings nur, solange das Kind nicht auffällig wird und durch institutionalisierte soziale »Qualitätskontrollen« fällt. Das hat zur Folge, daß Mütter über eine unbestrittenermaßen hohe emotionale Macht über ihre Kinder verfügen. Doch ist dies lediglich eine Pseudo-Macht, da Mütter keine reale sozio-ökonomische und kulturelle Macht haben (vgl. Hagemann-White 1984). In der individuellen Psyche bleibt als infantiler Niederschlag jedoch das Bild von der Willkürherrschaft der Mutter erhalten. Die Mutter, auf die die Kinder allein angewiesen sind, wird zur Projektionsfläche idealer Erwartungen (sie hätte stets verfügbar sein und alle Bedürfnisse befriedigen müssen) und realer Entwertungen (sie war eben nicht immer präsent und versagte Bedürfnisbefriedigung). Es fehlt für Kinder das differenzierte Beziehungsangebot, um ihnen die Erfahrung zu ermöglichen, daß auch andere Menschen einerseits Bedürfnisbefriedigung gewähren, sie aber andererseits auch versagen, so daß zunehmend gelernt werden könnte, die Verantwortung für die Bedürfnisse selbst zu übernehmen (vgl. Hagemann-White ebd.). Damit perpetuiert sich auf der individuell psychischen Ebene die Mutterideologie von Generation zu Generation, indem an Mutterschaft ideale Erwartungen gestellt werden, statt den schmerzlichen Weg zu gehen und die Begrenztheit der Mütter und ihre Realität anzuerkennen.

Es läßt sich zusammenfassend sagen, daß die Auswirkungen der sozial arrangierten Mutterschaft auf die Identität der Frauen, auf ihr soziales Erleben und auf ihre Beziehung zum Kind erheblich sind. Die psycho-soziale Realität der Mütter wird allerdings gesellschaftlich ausgeblendet und bleibt in der Tradition der ideologisch verklärten Mütterlichkeit unsichtbar.

Aufgrund der sozialen Situation der Frauen ist es jedoch verständlich, daß das Kind für die Mütter überragende Bedeutung bekommt. Ausgeschlossen und sich selbst ausschließend aus dem kulturellen öffentlichen Bereich, in der Isolation der Wohnung und dem Alleingelassensein in der unbegrenzten Alltagsroutine, kann das Kind zu dem werden, was der Mutter gehört bis hin zur Projektionsfläche ihrer Hoffnungen und Erwartungen, also zum »Selbstobjekt« (Nadig ebd.).

Um zu verstehen, was es nun für eine Mutter in dieser Situation bedeutet, ein geistig behindertes Kind zu bekommen, das ja diese Wünsche und Hoffnungen selbst partiell nicht erfüllen kann, ist es wichtig, die Bedeutung des Kindes für die Mütter in der derzeitigen sozialen Situation näher auszuleuchten.

Bedeutung des Kindes für die Mütter

Wenn ich die Bedeutung des Kindes für die Mütter aufzeige, so will ich noch einmal betonen, daß dies keine »naturgegebene« Notwendigkeit ist, sondern daß dieser Bedeutungskomplex seinen historischen Ort in dieser patriarchalen, urbanen, hochindustrialisierten Gesellschaft hat. Badinter (ebd.) weist schon auf den Zusammenhang des Bedeutungswandels im Zusammenhang mit sozio-ökonomischen Veränderungen hin, und Nadig (ebd.) zeigt, daß in der von ihr beschriebenen indianischen Kultur Yucatáns, in der eine andere soziale Verantwortung für Mutterschaft übernommen wird, auch das Kind eine andere Bedeutung hat, nämlich im Hinblick auf seine zukünftige Gruppenzugehörigkeit. Die Bedeutung der Kinder für die Mütter ist also nicht universell in allen Kulturen und zu allen Zeiten gleich. Ebenso gibt es Bedeutungsunterschiede im Erleben der einzelnen Frauen, wobei die soziale Klasse, die ethnische und nationale Zugehörigkeit und die sexuelle Orientierung wesentliche Einflußgrößen sind.

Das hat zur Folge, daß meine Ausführungen zur Bedeutung des Kindes nicht schematisch auf alle Frauen angewendet werden können, sondern daß ich Grundzüge von Bedeutungszusammenhängen aufzeige, die theoretisch möglich sind. Inwieweit diese theoretischen Aussagen auf das Erleben der einzelnen Frauen zutreffen, muß jeweils individuell mit der jeweiligen Frau in ihrer persönlichen Lebenssituation als ihr subjektiver Bedeutungszusammenhang erarbeitet und begriffen werden. D. h., die theoretischen Vorannahmen sind an der Lebensrealität der Frauen zu überprüfen und werden durch diese bestätigt oder müssen verworfen werden (vgl. Lorenzer ebd.).

Wenn Nadig (ebd.) feststellt, daß der »Lohn« der Mütter für die alleinige Verantwortung für ihr Kind der ist, daß sie mit ihrem Kind machen können, was sie wollen, bis hin zum »Selbstobjekt«, so habe ich schon darauf hingewiesen, daß dies nur für die ersten Jahre der Mutterschaft gilt, da spätestens mit der Institution Schule eine soziale »Qualitätskontrolle« einsetzt.

Das soziale Interesse an dem »Produkt« Kind manifestiert

sich in den Institutionen, die nicht nur, wie Nadig sagt, einen anonymisierten Beziehungsersatz für Mütter darstellen, sondern gleichzeitig eine soziale Kontrollfunktion über das Gedeihen des »Produktes« Kind ausüben. Zur »Qualitätsmessung« stehen eine Unzahl von Tests, Entwicklungsskalen und Meßverfahren zur Verfügung, für die mit dem Argument geworben wird, daß sie der Mutter »Hilfestellung« geben sollen, die Entwicklung ihres Kindes »richtig« zu beurteilen. Das, was »richtig« ist, bestimmt sich aber aus der statistischen Durchschnittsnormalität und kann als sozial determinierter Standard der »Qualitätskontrolle« aufgefaßt werden. Deutlicher wird dies noch an Veränderungen der Bildungsinhalte im Laufe der Jahrzehnte, die in der Institution Schule vertreten werden. Ziel ist, die Kinder in eine hochkomplexe technisierte Welt hineinzusozialisieren, so daß sie bereits ein Minimum an technischem Know-how (z. B. Computer) mitbringen und so flexibel sind, die zukünftigen sozio-ökonomischen Anforderungen zu erfüllen. Diese sozialen Erwartungen werden heute im Zuge der Gentechnologie-Diskussion (vgl. Rosenbladt 1988) unumwunden als mehr oder minder deutlich formulierter Zwang zum »perfekten« und »optimalen« Kind geäußert.

Es kann vermutet werden, daß diese gesellschaftliche Beschreibung des gelungenen »Produktes« in das Erleben der Mütter rückgekoppelt wird, so daß diese versuchen, alles zu tun, damit ihr Kind eben dieses »gelungene Produkt« wird. Diese Verinnerlichung des »Produktgedankens« kann beispielsweise auf Spielplätzen beobachtet werden, wenn die sich unterhaltenden Mütter in einen subtilen Konkurrenzkampf verfallen und sich gegenseitig ihre Kinder als schöner, besser, intelligenter, sportlicher usw. darstellen. Oder aber auch darin, daß Kinder heute oftmals einen gigantischen Stundenplan haben. Die Mütter bringen sie zur Musikschule, zum Reiten, zum Schwimmen, zum Malen usw. usw. Die Veröffnung der Lebenswelten wird durch Kunstwelten kompensiert. Der Anspruch ist, das Kind, ob behindert oder nicht, »optimal« zu fördern, damit es den Ansprüchen dieser Gesellschaft nachkommen kann. Und die Mütter sind das Instrument, das diese Ansprüche umsetzen muß.

Das, was Nadig als »Selbstobjekt« bezeichnet, wird von

Richter (1976) ausgeführt, der davon spricht, daß das Kind zum »Substitut für einen Aspekt des eigenen (elterlichen) Selbst« (Richter ebd., S. 155) wird, wobei es um eine Verwirklichung eigener Aspekte durch das Kind geht und nicht um das Kind als Person. Das Kind wird dabei zur Fortsetzung des eigenen Selbst und die Manifestation von eigenen Selbstaspekten in der Wirklichkeit. Dieses geschieht über die narzißtische Projektion. Das Kind soll zum getreuen Abbild der eigenen Person werden oder stellvertretend etwas darstellen. Richter spricht von der Möglichkeit des Kindes als dem »idealen Selbst« (ebd., S. 157), indem Kinder das leben, was Mütter (und Väter) sein möchten, aber nicht sind. Kinder sollen in diesem Fall verinnerlichte ideale Aspekte der Mütter (und Väter) Wirklichkeit werden lassen. Die andere Möglichkeit ist, daß Kinder Aspekte leben, die die Mütter (und Väter) bei sich selbst nicht ertragen können, wie also die Mütter (und Väter) selbst nicht sein möchten. Indem Mütter (und Väter) sich mit dem Kind identifizieren, können sie eine Entschädigung für ihren Mangel an Selbstwertgefühl erreichen oder auch negative Aspekte des eigenen Selbst in das Kind projizieren. Indem das Kind die negativ besetzten Seiten auslebt, können die eigenen destruktiv erlebten Impulse abgewehrt werden und kann eine Entlastung von Schuldgefühlen erfolgen, weil das Kind für diese negativen Aspekte bestraft wird.

Diese letztgenannte Projektion in das Kind ist gar nicht so selten, obwohl es sich vielleicht zunächst befremdlich anhört (die Projektionen treten, das sei allerdings angemerkt, wohl selten in Reinform auf, sondern mischen sich und verändern sich situativ).

Eine Frau kam z. B. wegen der Sprachschwierigkeiten ihrer Tochter zur Beratung. Diese Frau beschrieb sich selbst als sehr schüchtern, nicht durchsetzungsfähig und noch in großer Abhängigkeit von ihren Eltern lebend. Ihre Tochter galt als wild, »frech«, da sie ungeschminkt ehrlich und sehr selbstbewußt war. Im Gegensatz zu diesem Verhalten des Mädchens stand ihre babyhafte Sprache. Im Laufe der Zeit ergab sich, daß sich die Mutter immer eine selbstbewußte und »freche« Tochter gewünscht hatte, da sie sich selbst zu schüchtern und angepaßt fühlte. Sie hatte große Schuldgefühle, sich gegen ihre dominanten Eltern abzugrenzen. Wenn ihre Tochter den Großeltern widersprach, so war das für die Frau eine sehr ambivalent besetzte Erfahrung. Einerseits wünschte sie sich, dies selbst tun zu können, andererseits fand sie ihre Tochter zu »frech« und bestrafte sie dafür. Sie konnte also, sich identifizierend, an dem Verhalten ihrer Tochter teilnehmen und sie gleichsam stellvertretend für ihre eigenen schuldbesetzten Impulse bestrafen.

Ihre Tochter tat das, was sie, die Mutter gerne getan hätte, sich aber verbot, da sie ihre Eltern »nicht verletzen« wollte. Mit der babyhaften Sprache signalisierte die Tochter verschlüsselt ihr eigenes Bedürfnis nach Abhängigkeit, da sie sich als Durchsetzungsfähige selbst überforderte.

Die Bedeutung des Kindes als »ideales Selbst« ist sicherlich leichter nachzuvollziehen. Wie in dem angeführten Beispiel soll das Kind bestimmte emotionale, kognitive oder soziale Qualitäten haben, was auch in der umgangsprachlichen Wendung zum Ausdruck kommt, daß die Kinder es »einmal besser haben sollen«.

Mannoni (1972) beschreibt diesen Aspekt in der Auswirkung für Mütter. Sie sagt, daß sich in der Geburt des Kindes der Wunsch der Mutter ausdrückt, durch das Kind die Entschädigung für ihre eigene Kindheit oder deren Wiederholung zu erleben. In der Phantasie der restlosen Identifizierung mit dem Kind und in der Privatheit der Mutter-Kind-Beziehung steigt aus der Vergangenheit der Frau die eigene Mutter-Kind-Beziehung auf. Wenn die Mutter in ihrer eigenen Kindheit Kränkungen und Verletzungen erlebt hat, wird das Kind zum Phantasiebild, das all das wiedergutmachen soll, was in der Geschichte der Mutter unerfüllt geblieben ist und worauf sie verzichten mußte. In der Generationenfolge nimmt die Mutter nicht mehr den Platz des Kindes ein, sondern den der Mutter. Auf der psychischen Strukturebene wird das Kind somit zur Vervollständigung der Mutter (vgl. Chodorow ebd.). Diese Phantasie der Vervollständigung durch das Kind bedarf allerdings einer geschlechtsspezifischen Differenzierung.

In unserer Gesellschaft kommt der Geschlechtsidentität eine überragende Bedeutung zu, insofern das jeweilige Geschlecht mit bestimmten Bewertungen und Privilegien verbunden ist (vgl. Hagemann-White ebd.).

Die erste Aussage nach einer Geburt gilt dem Geschlecht des Kindes, der Frage, ob es ein Mädchen oder ein Junge ist. Mit dem Geschlecht konkretisiert sich die Bedeutung des Kindes und nimmt Gestalt an.

Die Bedeutung des Sohnes für die Mutter liegt nach Olivier darin, daß der Sohn der Mutter die »einzigartige Gelegenheit« bietet, »**sich in männlicher Gestalt zu sehen** (Hervorhebung im Original, M. J.): Dieses aus ihr hervorgegangene Kind ist vom anderen Geschlecht, und die Frau kann hier an einen alten Menschheitstraum glauben, an die Bisexualität« (Olivier ebd., S. 72). In der Symbiose mit dem Sohn erlebt die Mutter ein »Ganzheits-Phantasma« (Olivier ebd., S. 74), indem sich ihr Begehren auf ihn richtet als das einzige männliche Wesen, das je ganz zu ihr gehört. Dem Sohn kommt die Aufgabe zu, alle männlichen Wunden zu kompensieren, die der Mutter zugefügt worden sind. Er muß für alle Entbehrungen und die Leere entschädigen, die durch den abwesenden oder kränkenden eigenen Vater entstanden sind, und für den Mann, der täglich weggeht und von dem die Mutter abhängig ist. Dies führt zu einer einzigartigen Mutter-Sohn-Beziehung, die es den Müttern erschwert, die Söhne loszulassen, und die es den Söhnen erschwert, sich von den Müttern zu lösen. (Der Lösungsversuch der Söhne, der mütterlichen Macht zu entkommen, besteht darin, ggf. die Mutter oder andere Frauen zu entwerten.)

Das sexuelle Begehren, das bisexuelle »Ganzheits-Phantasma«, wird zu einer bestimmenden Kraft in der Beziehung der Mutter zu ihrem Sohn. Sie erträumt sich in ihm den »Helden« (vgl. Beauvoir 1986). Dies sicherlich um so mehr, da ihm in der patriarchalen Gesellschaft aufgrund seines Geschlechts Privilegien zuerkannt werden, an denen sie als Mutter dieses »Helden« identifizierend teilhaben kann.

In der Beziehung zur Tochter ist das Begehren nicht die bestimmende Kraft. (Es sei hier angemerkt, daß Olivier das homoerotische Begehren vernachlässigt und die Bedeutung des Geschlechts der Kinder in der Kleinfamilie beschreibt unter den gesellschaftlichen Bedingungen der Zwangsheterosexualität.) Wegen der fehlenden Komplementarität im Geschlecht wird das Mädchen von der Mutter »als Kind geliebt, wird aber als Mädchenkörper nicht begehrt. Es ist sexuell kein ›genügendes Objekt‹ für seine Mutter« (Olivier ebd., S. 79). Das Begehren könnte für das Mädchen vom Vater kommen, der als komplementäres Geschlecht seiner Tochter die Bestätigung der ihr eigenen Kindheitssexualität geben könnte.

Es scheint an dieser Stelle die Bemerkung angebracht, daß das Begehren bei Olivier im Sinne der geschlechtlichen Bestätigung des Mädchens als Mädchen gesehen wird. Dieser Hinweis ist notwendig, da der Begriff des Begehrens von dem Vater zur Tochter assoziativ mit dem sexuellen Mißbrauch der Tochter verbunden werden kann. Das ist nicht die Bedeutung in Oliviers Sinne. Sie versäumt es aber leider, auf diese Möglichkeit des Mißbrauchs des Begehrens hinzuweisen.

Die Erwartungen der Mutter an die Tochter richten sich eher an gesellschaftlichen Leitbildern aus, nämlich daß Mädchen süß, hübsch, zärtlich, dankbar sind und über das Helfen im Haushalt die Mutter- und Hausfrauenrollen einüben. Das heißt, daß die Erwartungen an die Tochter eher den Erfordernissen einer idealen sozialen Qualität und weniger der sexuellen Realität des Mädchens entsprechen. Das bedeutet für das Mädchen, daß ihr die Kindheitssexualität verweigert und sie auf die spätere Frauensexualität verwiesen wird (vgl. Olivier ebd.). Diese Orientierung an den Erfordernissen einer idealen sozialen Qualität weist auf die Tochter als »ideales Selbst« der Mutter hin. Was sie selbst den idealen sozialen Erwartungen schuldig geblieben ist oder zu sein glaubt, kann in die Tochter projiziert werden, die damit zur Kompensation des mütterlichen Selbst in der Zukunft erlebt wird.

Die Tochter hat wegen der Gleichgeschlechtlichkeit zusätzlich einen intergenerativen Auftrag der Mutter zu erfüllen (so wie der Sohn für den Vater): Die Tochter sichert das »Weiterleben« der Mutter in der Zukunft. Daraus ergibt sich die Problematik der Abgrenzung sowohl für die Mutter als auch für die Tochter (vgl. Hagemann-White ebd.). Es muß auch darauf hingewiesen werden, daß in unserer patriarchalen Gesellschaft eine besondere Konfliktdynamik in der Mutter-Tochter-Beziehung enthalten ist. Die Tochter ist ebenso wie die Mutter als Frau den gleichen patriarchalen

Entwertungen qua Geschlecht ausgesetzt. Insofern sind die Konflikte zwischen Mutter und Tochter geradezu in der Beziehung angelegt, wenn die Tochter mehr als die traditionelle Rollenerfüllung will (vgl. Libreria delle donne di Milano 1988). Die Tochter wird damit zwar ggf. für die Mutter zur »Heldin«, an deren Leben sie über die Mutterschaft identifizierend partizipieren kann, gleichzeitig kann es aber auch sein, daß gerade dieses Mehr, das die Tochter will, in der Mutter zumindest Ambivalenz, wenn nicht gar Ablehnung provoziert, da die Tochter ihrer Mutter damit den Spiegel der eigenen Unterdrückung und der eigenen ungelebten Lebensmöglichkeiten vorhält.

Mädchen und Jungen haben demnach nicht nur die Bedeutung des schöpferischen Neubeginns, der Wandlung, der Balance zwischen Vergangenheit und Zukunft, wie Schwarzenau (1984) es beschreibt (wobei an Schwarzenaus Argumentation interessant ist, daß er den »Mythos des göttlichen Kindes« lediglich auf *männliche* Kinder – z. B. Jesus – bezieht; die göttlichen weiblichen Kinder findet er wohl weniger beachtenswert), sondern Mädchen und Jungen können mit erheblichen narzißtischen Bedeutungen besetzt sein.

Es ist jedoch nicht nur das Kind, das ideal besetzt wird, sondern im Erleben der Mütter vollzieht sich auch eine Selbstaufwertung. Gerade während der Schwangerschaft – also noch nicht konfrontiert mit der Realität des Zusammenlebens – haben die Frauen ideale Beziehungsphantasien zu ihrem Kind. Das Kind bleibt in diesen Phantasien relativ verschwommen, das Selbstgefühl der Mütter bestimmt sich aus der Vorstellung von sich als »guter« Mutter. Die Frauen empfinden ihre Fähigkeiten zum Muttern und erleben Empfindungen, wie sie mit diesen Fähigkeiten die Beziehung zu ihrem Kind gestalten wollen, so daß das Kind und sie selbst als Mütter in einem glücklich-idealen symbiotischen Zustand leben.

Diese idealen Beziehungsphantasien und das ideale Selbstempfinden als »gute« Mutter können sowohl individuell psychisch als Kompensation oder Wiederholung der eigenen Kindheitserfahrungen der Frauen begriffen werden, aber auch auf dem Hintergrund der »Identifikation mit der Ideologie der Rolle«, die als soziale Vorstellung von Mutterschaft verinnerlicht wird.

Die ideale Beziehungsphantasie zum Kind und die ideale Vorstellung von sich selbst als »gute« Mutter treten an die Stelle der Vielfalt möglicher weiblicher Lebensformen bzw. müssen diese ersetzen. Die Frauen erleben sich selbst in der Phantasie als bedeutsam, heil und wertvoll. Der Anspruch der Frauen, in der Welt soziale Bedeutung zu haben und wichtig zu sein, der sich in der derzeitigen sozio-ökonomischen patriarchalen Realität kaum verwirklichen läßt, wird dadurch verdeckt und auf das Kind hin kanalisiert (vgl. Libreria delle donne di Milano 1988). In der Phantasie fühlen sich die Frauen aufgewertet, die persönlichen Ansprüche gehen verloren. Die Frauen hoffen durch das Kind und durch die Phantasie ihrer idealen Mutterschaft Wichtigkeit zu erhalten und damit ihr »Heimatrecht« (Thürmer-Rohr 1988) in dieser patriarchalen Gesellschaft zu verankern. Diese Rollenübernahme und die Kompensation des Bedürfnisses nach Wichtigkeit durch die Phantasie der idealen Mutterschaft und der idealen Beziehung zum Kind lassen die Geschlechterhierarchie unangetastet. Die Ansprüche und Potentiale der Mütter bleiben in der Privatheit der Mutter-Kind-Beziehung und entfalten keine gesellschaftsverändernde Kraft, indem Frauen zu Männern in Konkurrenz treten.

Um die Reste der Phantasie von Wichtigkeit und Aufwertung zu erhalten, bleiben die Mütter in ihrer Identität an die Kinder gebunden. Die Mädchen (ambivalent besetzt) und mehr noch die Jungen müssen erfüllen, was den Müttern versagt blieb und was sie sich selbst versagten. Die Mütter können für ihre persönliche Identität und ihr ideales Selbstbild als Mutter nur auf Wert hoffen, wenn die Kinder zu gelungenen »Produkten« werden.

Auch wenn sich gesellschaftliche Konventionen verändert haben, sind die Alternativen für Frauen, um Wichtigkeit und Wert im kulturellen Raum zu erfahren und ihre Ansprüche an die Welt zu realisieren, heute immer noch gering. Zur Kompensation dieses fehlenden »Heimatrechtes« in der Gesellschaft lernen Frauen, Kinder zu brauchen (vgl. Chodorow ebd.), und zwar in der Hoffnung, über die Kinder bedeutsam zu werden. Diese Hoffnung erfüllt sich nicht, da Mutterschaft in die Privatheit der Kleinfamilie abgedrängt ist. Es bleibt den Frauen damit lediglich ein »Leben aus zweiter

Hand« über ihre Töchter und Söhne (und ggf. über ihre Partner).

Zur Vervollständigung der Bedeutung des Kindes für die Mütter – neben diesen sozialen und identitätsbezogenen Aspekten – muß ergänzend gesehen werden, welche Bedeutung das Kind in der Privatheit der Kleinfamilie hat.

Chodorow (ebd.) führt aus, daß dem Kind im Beziehungsgefüge Frau – Kind – Mann eine stabilisierende Funktion zukommt. Das Kind vermittelt den Frauen emotionale Erfahrungen, die sie ggf. bei ihren Partnern wegen der unterschiedlichen geschlechtsspezifischen Sozialisation und den daraus folgenden unterschiedlichen Bedürfnissen nach Nähe und Emotionalität nicht finden können. Kinder stellen damit die erhoffte Kompensation der als emotional unzulänglich erlebten Partnerschaft dar, da die geschlechtsspezifische Sozialisation der Männer tendenziell weniger auf Emotionen und weniger auf die Beziehungsthematik angelegt ist, sondern eher auf Abgrenzung, Vernunft und Rationalität. Wenn diese emotionale Kompensation so weit geht, daß die Frau die Beziehung zu ihrem Kind auf der psychischen Strukturebene als exklusiv erlebt, kann eine Beziehung zu dem Partner überflüssig werden (vgl. Chodorow ebd.). Es bleibt dann nicht aus, daß der Mann das Kind als störend empfindet und mit Eifersucht reagiert. Das bedeutet, daß das Kind nicht nur eine stabilisierende Funktion für die Partnerschaft haben kann, sondern auch eine destabilisierende. Wenn somit das Kind durch die alleinige Verantwortung der Mütter benutzt werden kann, Frauen psychisch unter Druck zu setzen und das Aufgeben ihrer Autonomiebestrebungen zu fordern, so kann das Kind von den Frauen aufgrund der exklusiven Mütterlichkeit benutzt werden, die Männer aus der Partnerschaft emotional auszuschließen bzw. diese unter Druck zu setzen.

Das Kind wird zum Partnerersatz (vgl. Richter ebd.).

Wenn diese komplexen Bedeutungszusammenhänge des Kindes für die Mütter betrachtet werden, so lassen sich drei Schwerpunkte des Erlebens erkennen, und zwar kindzentrierte, identitätszentrierte und sozialzentrierte Aspekte. Der soziale Statuswechsel von der Frau zur Mutter bedeutet demnach eine Veränderung im Leben der Frauen, die ihr gesamtes

Erleben und ihre soziale Situation umfaßt. Wenn nun das Kind, das geboren wird, behindert ist, so treten die kränkenden und hemmenden Auswirkungen der privatisierten Mutterschaft überdeutlich hervor und verstärken die Unzumutbarkeit dieses sozialen Arrangements.

3
Verlusterleben der Mütter behinderter Kinder

Das Ausgeliefertsein an die traumatische Erfahrung der Behinderung beschrieb Frau A. in dem ersten Gespräch, als sie mit ihrem behinderten Sohn in die Beratungsstelle kam. Verzweifelt brach es aus Frau A. heraus, daß sie sich ihrem Sohn und der Behinderung ausgeliefert fühle, von allem an die Wand gedrückt, völlig überfordert. Sie reagiere nur noch emotional, aggressiv, aufbrausend, sie könne keinen klaren Gedanken mehr fassen. In ihrer Ehe laufe nichts mehr. Sie tue nichts mehr im Haushalt, habe keinen Kontakt mehr zu FreundInnen, sie fühle sich minderwertig, ein behindertes Kind geboren zu haben, und habe Schuldgefühle. Alles sei sinnlos.

Später sagte sie, daß sie das erste Jahr nach der Geburt ihres Sohnes ständig und sehr viel Alkohol getrunken habe, weil sie das Gefühl hatte, dieses Entsetzen in sich nicht durchzustehen.

Die Erfahrung von Frau A. läßt nachempfinden, wie sehr sie sich durch die Behinderung überrollt fühlte, wie ihr gesamtes Erleben davon erschüttert war.

Nach dem, was Kinder für Mütter bedeuten, kann der traumatische Einschnitt durch die Behinderung als umfassende Verlusterfahrung begriffen werden, die ich analog zu den Aspekten der Mutterschaft als kindzentriertes, identitätszentriertes und sozialzentriertes Verlusterleben an anderer Stelle dargestellt habe (vgl. Jonas 1990).

Diese Kategorien des Verlustes greifen ineinander über und können unterschieden, jedoch nicht voneinander getrennt werden. Die Unterscheidung dieser drei Verlustkomplexe erscheint mir aber hilfreich, um das Ausmaß der Erschütterung durch die Behinderung im Leben der Mütter zu differenzieren. So lassen sich die Erfahrungen von Frau A. mit Hilfe dieser Unterscheidung ein wenig strukturieren:

- ihre Beziehung zu ihrem Sohn ist schwer belastet (ausgeliefert fühlen usw.),
- ihre Identität ist massiv erschüttert (Minderwertigkeitsgefühle usw.),
- ihr soziales Erleben ist zusammengebrochen (Ehe, Freundschaften).

Ausgehend von der Bedeutung des Kindes für die Mütter, werde ich daher die drei komplexen Kategorien des Verlusterlebens beschreiben.

Kindzentriertes Verlusterleben

Jede Mutter wird im Laufe des Zusammenlebens mit ihrem Kind die Erfahrung machen, daß sie die Projektionen in ihr Kind – ihr Kind als »ideales Selbst«, als Projektionsfläche ihrer eigenen ungelebten Seiten, als Abbild ihrer selbst – zurücknehmen muß, da Kinder diesen Phantasien, Erwartungen und Wünschen nicht entsprechen, sondern ihre eigene Individualität entwickeln, und zwar in der Dialektik der Anpassung und Individuation (wenn diese Projektionen nicht zurückgenommen werden, sondern dauerhaft die Interaktion zwischen Mutter und Kind bestimmen, belastet dies sowohl für die Mutter als auch für das Kind die Beziehungsstrukturen).

In besonderer Schärfe trifft dieser Verlust aber die Mütter der behinderten Kinder. Während die Rücknahme der Projektionen sich bei den anderen Müttern prozeßhaft entwickeln kann, bleibt den Müttern der behinderten Kinder nicht die Zeit für diesen Prozeß, sondern ereignet sich unmittelbar, direkt und vollständig über die Diagnose der Behinderung. Diese Unmittelbarkeit des Verlustes wird z. B. daran deutlich, daß die Geburtsanzeige plötzlich zum Problem wird. Die Mütter (und Väter) fragen sich, wie sie die Geburt des Kindes mitteilen können. Sie stehen unter dem Schock der Behinderung, sind verzweifelt und entsetzt und haben das Gefühl, nicht die übliche »freudige« Mitteilung machen zu können. Viele Mütter (und Väter) verzichten deshalb auf die Geburtsanzeige. Sie empfinden sich als sprachlos.

Die Behinderung bedeutet, daß das Kind ein ungenügendes, ein beschädigtes »Selbstobjekt« ist. Der schöpferische

Neubeginn, die Wandlung, die neuen Lebensmöglichkeiten werden durch die Behinderung blockiert, die vermeintlichen Idealqualitäten des Kindes gehen verloren. Der Behinderung kommt eine alles überragende Bedeutung zu, so daß selbst die ansonsten so bedeutsame Geschlechtsspezifik verlorengeht. Mit der Behinderung scheint das Geschlecht des Kindes regelrecht aufgehoben, Behinderung wird zum alles bestimmenden Merkmal der Identität des Kindes.

Frau K. (vgl. Einführung) drückt dies aus, wenn sie sagt, daß sie besonders enttäuscht sei, daß D. als ihre Tochter behindert ist, da sie sich nach den beiden Söhnen sehnlichst eine Tochter gewünscht habe.

Wie überragend die Behinderung ist, wird ebenfalls bei ihr deutlich. Nach der Diagnose hat sie das Gefühl, D. »richtig« zu sehen. Alles an ihr sei häßlich und krank.

Ich habe während meiner langjährigen Beratungstätigkeit lediglich eine Mutter erlebt, die ihre Tochter im Sinne der Geschlechtsidentität ansprach: »Komm, mein kleines Mädchen!« sagte sie. Ich bemerkte diese Aussage sofort, da sie so ungewöhnlich war.

Der Verlust der Geschlechtsspezifik bedeutet für die Mütter, daß sie mit ihren Söhnen nicht das bisexuelle Ganzheitsphantasma leben können, daß ihr Sohn nicht Objekt des Begehrens wird, nicht der »Held«. Durch die behinderte Tochter kann die Mutter nicht mit den erhofften idealen sozialen Qualitäten in der Zukunft weiterleben. Der intergenerative Aspekt geht verloren. Die Identifikation der Mutter auf der geschlechtsspezifischen Ebene ist deutlich gestört. Die Behinderung der Tochter/des Sohnes läßt diese zum »ewigen Kind« werden, zum sexuellen Neutrum, ohne Zukunft als Mann oder Frau.

Durch die Behinderung bleiben Töchter und Söhne sicherlich dauerhafter auf Fürsorglichkeit, Schutz, Pflege angewiesen. Dies kann dazu führen, daß Söhne und Töchter in ihrer Entwicklung und ihren Möglichkeiten unterschätzt werden oder ihnen gerade im sexuellen Bereich keine Entwicklung und kein Erleben zugestanden werden. Der Verlust der Geschlechtsspezifik hat für behinderte Töchter und Söhne zur Folge, daß die sozialen Erwartungen in Richtung »lebenslange Kindheit« tendieren (vgl. Einführung: Assoziation geistige Behinderung), wobei sich dies bei schwerstbehinderten Töchtern und Söhnen zu einer »lebenslangen Säuglingszeit« manifestiert.

»Lebenslange Kindheit« bzw. dauerhaft in der Angewiesenheit eines »Säuglings« zu leben impliziert auf der psychischen Strukturebene der Mütter eine »lebenslange Mutterschaft« (vgl. Identitätszentriertes Verlusterleben).

Auch wenn die Frauen während der Schwangerschaft Angst hatten, ihr Kind könnte behindert sein (vgl. Spörri-Schönle 1987), so trifft die Behinderung die Frauen dennoch völlig unvorbereitet, da ein qualitativer Unterschied zwischen vorwegnehmender Angst und konkret realem Erleben besteht. Das vorherrschende Gefühl ist, dieses Schicksal durch die Behinderung psychisch und erlebnismäßig nicht ertragen zu können (vgl. Spörri-Schönle ebd.).

In dieser Situation wird die technisierte Geburtshilfe (vgl. Nadig ebd.; Kitzinger 1983) für die Mütter zur regelrechten Bedrohung. Sie selbst bleiben im Stich gelassen, ohne Interaktionsmöglichkeiten, ohne die Chance, diese schwer zu ertragenden Gefühle ausdrücken zu können.

Da behinderte, vor allen Dingen schwerstbehinderte Kinder meist intensivmedizinisch behandelt werden – was häufig für das Kind auch überlebensnotwendig ist –, entsteht eine frühe Trennungssituation zwischen Mutter und Kind nach der Geburt. Statt sich konkret sinnlich und handelnd von der Realität ihres Kindes überzeugen zu können und erste Interaktions- und Beziehungsformen zum Kind zu erfahren, werden die Mütter ihrer Angst und Unsicherheit überlassen. In die schon zusammengebrochenen oder vom Zusammenbruch bedrohten idealen Phantasien vom Kind stoßen bizarre Vorstellungen und Schreckensbilder, wie das Kind sein mag. Die Mütter wollen ihr Kind bei sich haben, gleichzeitig erkennen sie es aber mit der Realität der Behinderung nicht als ihr Kind an (vgl. Spörri-Schönle ebd.). Die vorherigen idealen Gefühle weichen ablehnenden, unguten Gefühlen, was bei den Müttern zu erheblichen Spannungen führt.

Durch die technischen und medizinisch-therapeutischen Hilfen, statt der Erfahrung des sozialen Aufgehobenseins, bekommen die Mütter vermittelt, daß ihr Kind nicht das »gute Produkt« ist, das sie erhofften, und es auch nicht werden kann aufgrund der gesellschaftlich diskriminierenden Bewertung von Behinderung. Über die Verordnung von Therapie und Förderung wird den Müttern deutlich gemacht, daß ihr Kind und damit auch die Handlungen der Mütter überwacht und kontrolliert werden müssen, damit »aus dem Kind noch etwas wird«, also der Defekt repariert wird. Denn es besteht ein gesellschaftliches Interesse an dem »guten Produkt« der Frau, das als deren Dienstleistung begriffen wird. Dies kommt durch die zunehmende Perfektionierung der pränatalen Diagnostik und der Vorsorgeuntersuchungen zum Ausdruck. Mit der Behinderung des Kindes bekommt das intime Erleben der Frauen eine öffentliche Dimension, allerdings weitgehend im Sinne der Kontrolle und Überwachung und keineswegs in der Übernahme sozialer Verantwortung für Mutter und Kind.

Obgleich die Diagnose der Behinderung für die Mütter traumatisch ist und einer Katastrophe gleichkommt, mindert sie die Streßbelastung erheblich, da ohne gesicherte Diagnose die Mütter einem schier unerträglichen Wechselbad von Hoffnung und Verzweiflung ausgesetzt sind. Nach der Diagnose, so erschütternd diese auch ist, können Auseinandersetzungs- und Bewältigungsmöglichkeiten aktiviert werden (vgl. Kap. 4; vgl. Weisgerber-Soininen/Haack/Rauh 1984).

Identitätszentriertes Verlusterleben

Wenn Frauen Mutter werden, ist der soziale Statuswechsel und der damit verbundene Verlust an autonomer Identität als Frau eine Tatsache, die alle Frauen betrifft. Dies wird zunächst aufgrund der sozial positiv ideologisierten Mütterlichkeit, viel mehr aber noch aufgrund der anfallenden Alltagsbelastung durch die mit der primären Mütterlichkeit verbundene Arbeit nicht wahrgenommen. Versorgung und Pflege des Kindes nehmen die Mütter umfassend in Anspruch. Dies wird z. B. allein daran deutlich, daß es für Mütter über lange Zeit kein anderes Thema zu geben scheint als ihre Kinder. Selbst Alltagskontakte zwischen Müttern werden in der Regel über die Kinder gestiftet. Die Person der Frau bleibt dabei häufig unsichtbar.

Die Frauen werden (falls die Väter oder andere Personen nicht vollständig die Fürsorge für das Kind übernehmen) durch die Geburt des Kindes isolierter, können häufig nicht mehr durch Erwerbstätigkeit ihre ökonomische Existenz und soziale Zukunft sichern oder müssen schlecht bezahlte Aushilfstätigkeiten übernehmen. Mütter haben weniger sozial differenzierte Kontakte und verlieren durch die Reduzierung auf den häuslichen privaten Bereich verbliebene Reste an gesellschaftlichem Einfluß und sozialer Bedeutung. Dieser Verlust will für jede Frau betrauert sein, wird aber leider oft übersehen, da die gesellschaftliche Ideologie der Mutterschaft den Verlust überdeckt, indem suggeriert wird, daß Frauen erst durch Kinder vollständig werden.

In der Beratungssituation habe ich die Erfahrung gemacht, daß dieser Statuswechsel und der damit verbundene Verlust manchmal erst nach drei bis vier Jahren thematisiert wird. Die Frauen beginnen, eine latente Unzufriedenheit zu spüren. Sie merken, daß sich ihre Gedanken- und Gefühlswelt nur noch auf das Kind konzentriert, daß sie sozial isolierter sind, da ihr Bezugskreis sich auf andere Mütter mit Kindern, TherapeutInnen und PädagogInnen reduziert, und daß sie gerne etwas tun würden, was nichts mit Kindern zu tun hat. Sie empfinden deutlich eine Einschränkung ihrer Erfahrungswelt und setzen sich zu dem Zeitpunkt häufig mit ihrer vorherigen Berufstätigkeit auseinander. Die Frauen erleben sich als unselbständiger als vor der Geburt ihres Kindes, trauen sich weniger zu und registrieren, daß sie z. B. Aufgaben, die sie früher selbstverständlich erledigt haben, heute lieber an ihre Partner delegieren, da sie sich zu ängstlich fühlen. Erwerbstätigkeit trauen sie sich nicht mehr zu, da sie glauben, den Anschluß in ihrem Beruf verloren zu haben. Mit Wehmut und Sehnsucht sprechen sie von den Freiheiten und sozialen Kontakten, die sie hatten, als ihre Kinder noch nicht geboren waren.

Diese Empfindungen werden nach meinen Beratungserfahrungen tendenziell eher von Müttern zugelassen, deren Kinder leichter behindert sind bzw. zu den sogenannten entwicklungsverzögerten Kindern gehören. Je schwerer die Kinder behindert sind, desto bedrohlicher scheint es für Mütter zu sein, sich diese Empfindungen zu gestatten. Die

Anforderung der »lebenslangen Mutterschaft« läßt solche Sehnsüchte und Wünsche angstbesetzt erscheinen.

Da Mutterschaft in der gesellschaftlichen Ideologie idealisiert wird, verdrängen die Frauen negativ besetzte Emotionen, da sie nicht mit dem verinnerlichten Bild von Mütterlichkeit übereinstimmen. In dieser sensiblen Phase des Identitätswechsels von der Frau zur Mutter bedeutet die Geburt eines behinderten Kindes einen elementaren Einschnitt und Verlust. Es ist das Erleben des Verlustes an Identität als »gute Mutter«, da ihr »Produkt«, das Kind, das von nun an an ihre Identität gekoppelt ist, beschädigt geboren wurde. Aus der Identität »Mutter eines Kindes« wird eine veränderte Identität »Mutter eines behinderten Kindes«. Das bedeutet, daß Frauen während des Statuswechsels einen Verlust an autonomer Identität als Frau erleiden, zusätzlich wird der Aufbau einer Mutter-Kind-Identität durch die Behinderung des Kindes gefährdet. Die Empfindung des Ganzseins durch das Kind, die Phantasie der Vollständigkeit ist durch die Behinderung beschädigt, und zwar im Sinne der eigenen Beschädigung der Mutter.

Die idealen Beziehungsphantasien zum Kind laufen ins Leere, das ideale mütterliche Selbstbild ist erschüttert und zerstört.

In den Müttern entstehen Gefühle der Ablehnung gegen ihr Kind, und sie sind enttäuscht. Dies paßt nicht zu ihrem Selbstbild als Mutter, so daß sie das sich daraus ergebende konflikthafte Erleben nur schwer ertragen können. Statt des erhofften Prestigezuwachses erleben sie die Kränkung, Mutter eines behinderten Kindes zu sein (vgl. Spörri-Schönle ebd.). Ihre Empfindungen sind von Wut, Unsicherheit, Angst, Auflehnung, Schmerz, Trauer geprägt. Die Mütter haben in der Folgezeit Probleme, eine Beziehung zum Kind aufzubauen. Vorherrschend sind Gefühle von Angst und Hilflosigkeit, gleichzeitig Wut, Haß und Todeswünsche, die schuldhaft erlebt werden.

Nach Rauh (1984) treten die Frauen eindeutiger in die Rolle der Hausfrau und Mutter ein bis hin zur Überlastung, wobei nach Fröhlich (ebd.) die Motive für die Versorgung des Kindes meist in einer fatalistischen Haltung begründet liegen. Statt der erhofften Mutterliebe empfinden die meisten Mütter wechselnde Gefühle der Zuneigung und Ablehnung zu ihrem Kind, ohne daß dazu ein aktueller Anlaß vorläge. Bestimmend für das mütterliche Erleben sind Schuldgefühle (vgl. Fröhlich ebd.).

Es scheint nicht übertrieben zu sagen, daß die Frauen durch diese Belastung in ihrem Selbsterleben vor dem völligen Zusammenbruch aller Hoffnungen, Wünsche und Vorstellungen stehen.

Der Identitätsverlust der Mütter wird verschärft durch ein überdurchschnittliches Maß an Fremdbestimmung. Sie erfahren nicht nur die Enteignung des eigenen Körpers und der Geburt durch einen männlich bestimmten medizinischen Apparat, sondern auch die Enteignung der Mütterlichkeit. Sicherlich sind viele Maßnahmen für das Kind häufig überlebensnotwendig, doch gilt es zu berücksichtigen, wie sich dies auf die mütterliche Identität auswirkt. Die Mutter kann nicht selbstbestimmt den Kontakt zu ihrem Kind aufbauen, ihr wird fremdbestimmt vermittelt, welche Maßnahmen für ihr Kind notwendig sind. Dies wird untermauert durch die Autorität der ÄrztInnen. Die Fremdbestimmung stürzt die Mütter in ein Gefühl des Ausgeliefertseins, dem das Gefühl folgt, eine schlechte Mutter zu sein. Es bleibt ein Gefühl der Hilflosigkeit, der Unfähigkeit, etwas für das eigene Kind tun zu können, und der Kompetenzlosigkeit, da sie glauben, nicht beurteilen zu können, was für ihr Kind gut und richtig ist. Mütter werden entmündigt und lassen sich entmündigen, da sie für diese unvorhergesehene Situation über keine Bewältigungsmechanismen verfügen. Die Fremdbestimmung, die in der Geburtsklinik beginnt, setzt sich auch später fort. Durch den Einsatz von Fachleuten, TherapeutInnen und PädagogInnen wird den Frauen auch weiterhin Inkompetenz für ihr Kind bestätigt. Wenn für Mütter nichtbehinderter Kinder der Weg zu institutionalisierten Formen der Hilfe (und Kontrolle) noch als halbwegs freiwillig beschrieben werden kann, so ist die Situation für Mütter behinderter Kinder eine gänzlich andere: Die Behinderung rechtfertigt die massive institutionalisierte Kontrolle qua Medizin, Therapie und Förderung, eine Kontrolle, die als Hilfe verschleiert wird. Die von Fröhlich (ebd.) interviewten Mütter geben an, daß ihr Leidensweg in der Klinik beginnt. Die meisten Frauen erleben sich als durch professionelle Hilfe fremdbestimmt und wenig gut informiert. Die Fremdbestimmung und die wenig zufriedenstellenden institutionellen Kontakte werden von den Müttern auch in der Befragung von Rauh (ebd.) bestätigt. Die Frauen erleben, daß von ihnen Mutterliebe und mütterliche Rollenübernahme erwartet werden, aber nicht selbstbestimmt, sondern so wie die Fachleute es wollen (vgl. Fröhlich ebd.; vgl. Kap. 1).

Spörri-Schönle (ebd.) spricht von dem Erleben der Verletzung der körperlichen Integrität der Mütter durch die frühe Trennung vom Kind in der Geburtsklinik. Ebenso sieht sie, daß davon ausgegangen werden kann, daß die Fremdbestimmung der Mutter einer Ambivalenzaufspaltung Vorschub leistet. Die Mütter erleben sich selbst als »schlechte Mütter«, da sie keine Kompetenz und negativ besetzte Emotionen empfinden, die Fachleute werden als »gute Mütter« erlebt, da sie sicher und positiv zugewandt auf das Kind eingehen.

Diese Fremdbestimmung und der Kompetenzverlust haben für die Mütter auf der psychischen Strukturebene katastrophale Folgen. Sie übernehmen gerade in der Anfangszeit diese Zuschreibungen der Inkompetenz, sie sind verunsichert. Sie schätzen ihre eigenen Empfindungen gegenüber ihrem Kind gering. Wo sie vielleicht Empfindungen und Fürsorglichkeit und Wärme haben, müssen sie Krankengymnastik machen, wo die Mütter Ruhe brauchen, müssen sie üben.

Die Mütter stimmen zu, machen mit, haben das Vertrauen in ihre Fähigkeiten verloren. Sie sind verunsichert. Die eigenen Empfindungen werden abgewertet, dem »therapeutischen Über-Ich« untergeordnet, das Kind wird zur lebenden Entwicklungsskala. Sie erleben ihr Kind selbst als »besonders erziehungsbedürftig«, zumal in unserer Gesellschaft kein tradiertes Wissen über die Beziehung zu einem behinderten Kind besteht.

Dieser Eingriff in das mütterliche Erleben und die einsetzende soziale Kontrolle bedeuten für die Mütter ebenfalls, daß ihnen die einzige ihnen zugestandene Macht genommen wird, nämlich die Macht über ihr Kind. Die emotionale Macht der Mütter kann kritisiert werden, ist aber unter den derzeitigen patriarchalen Bedingungen der einzige Machtbereich, der den Müttern im Sinne der Kompetenz bleibt. Die

Behinderung deckt die Ideologie dieses Machtzugeständnisses auf, da die Mütter von der Geburt des Kindes an sich sozial erwünschten Standards und Anforderungen unterordnen müssen: Sie *müssen* ihr Kind fördern, sie werden kontrolliert, sie *müssen* in Kliniken, sie *müssen* Therapie machen. Wie ich gezeigt habe (vgl. Kap. 2), erhoffen die Mütter sich über ihre Kinder Wertschätzung und Bedeutung, also ein »Heimatrecht« in einer patriarchalen Gesellschaft. Daß die Mütter sich derart fremdbestimmen lassen, wird durch die traumatische Situation nach der Geburt, durch ihren persönlichen psychischen Prozeß bedingt (vgl. Kap. 4), aber sicher auch dadurch, daß sie erhoffen, durch die Übernahme professioneller Standards – wenn schon nicht als »gute Mütter«, dann doch wenigstens als »gute Therapeutinnen« ihrer Kinder – die Wertschätzung und dieses »Heimatrecht« zu erfahren.

Der Verlust an emotionaler Macht bedeutet, daß die Mütter den prägenden Einfluß auf ihre Töchter und Söhne verlieren. Nicht mehr ihre psycho-emotionale Beziehung ist gefragt, sondern die Entwicklungsdurchschnittsnormalität der Kinder, die gefördert werden muß.

Die erlebte Beschädigung des Kindes, verstärkt durch die permanente Defizitbeschreibung, führt zu einer psychischen Destabilisierung der Möglichkeit, sich mit dem Kind zu identifizieren. Die Mütter erhofften sich emotional durch das Kind eine Wiederherstellung oder Korrektur der eigenen frühen Mutter-Kind-Beziehung. Diese Beziehungsebene ist durch die Behinderung gestört, da die Identifikationsmöglichkeiten auf der Ebene des inneren unversehrten Kindes verlorengehen. Es bleibt die Identifikation auf der Ebene der eigenen verletzten, »behinderten« Kindheit. Statt der unversehrten Seite erleben die Mütter sich selbst wieder als die verletzten kleinen Mädchen. Dies dürfte besonders der Fall sein, wenn die Tochter behindert ist.

Die Reproduktion der Mutter über die Tochter geht verloren, ebenso wie die Reproduktion des Vaters über den Sohn. Damit rückt wiederum der Verlust der Geschlechtsspezifik in den Vordergrund. Dieser Verlust der Geschlechtsspezifik kann für die partnerschaftliche Gemeinschaft destabilisierende Funktion haben, indem sich die

Frau / der Mann in dem geschlechts*un*spezifischen Kind nicht wiederfinden können und sie beide ihre Reproduktion als zerstört erleben.

Für die Mütter kommt als weiterer Aspekt hinzu, daß sie die emotionalen Qualitäten der Beziehung zum Kind für die Stabilisierung der partnerschaftlichen Gemeinschaft brauchen, weil sie mit den Kindern eine emotionale Beziehung leben können, die sie in ihrer Beziehung zu dem Mann oft nicht finden. Da aber durch die Behinderung diese unversehrte Identifikation nicht vorhanden bzw. gefährdet ist, wird die partnerschaftliche Gemeinschaft durch diesen Verlust bedroht.

Bedauerlicherweise gibt es keine mir bekannten Untersuchungen darüber, wie sich der Verlust der Geschlechtsspezifik auf das Erleben der Mütter (und Väter) auswirkt. Aus der Beratungserfahrung kann ich sagen, daß die Mütter (und Väter) enttäuscht sind, daß gerade ihr Sohn oder ihre Tochter behindert ist; oder daß Väter »ausrasten« und es nicht aushalten, einen behinderten Sohn zu haben; oder Mütter davon sprechen, daß sie sich selbst durch die Behinderung ihrer Tochter entwertet fühlen bzw. sich inständig eine weitere Tochter wünschen, um sich in dieser wiederzufinden (vgl. Jonas 1990).

Insgesamt ist eine geschlechtsspezifische Forschung in der Heilpädagogik bisher sehr vernachlässigt worden, was ich allerdings gerade auf den Verlust der Geschlechtsspezifik durch die alles überragende Behinderung zurückführe. Dieser Verlust der Geschlechtsidentität drückt sich für mich gerade darin aus, daß Menschen mit Behinderungen keine Zukunft als Männer oder Frauen haben, sondern lediglich als Behinderte. Für Menschen mit Behinderungen ist der Lebensweg institutionalisiert und objektiviert worden (Frühförderung, Sonderkindertagesstätte, Sonderschule, Werkstatt für Behinderte, Wohnheim). Ein Mensch, dessen Zukunft derart vorhersagbar ist, ist seiner Subjektivität beraubt (vgl. Kobi 1980). *Eine* Ursache liegt meines Erachtens darin, daß der Verlust der Geschlechtsspezifik nicht wahrgenommen wird.

Empirische Untersuchungen zur Partnerschaftssituation liegen allerdings vor. Es wird immer wieder darauf hingewiesen, daß die Partnerbeziehungen erheblich belastet sind (vgl. Schatz 1987), Scheidungsraten in Familien mit behinderten Kindern erhöht sind (vgl. Romans-Clarkson u. a. 1984) oder daß viele Frauen nur wegen der finanziellen Abhängigkeit noch bei ihrem Partner bleiben (vgl. Fröhlich ebd.). Das behinderte Kind stellt eine Partnerschaft vor die Zerreißprobe, wobei der Verlust und die Kränkung auf der psychischen Seite ein Aspekt dieser Belastung ist. Der andere Aspekt ist die erhebliche Alltagsbelastung und die daraus resultierende verringerte Zeit für Interaktionsmöglichkeiten auf der partnerschaftlichen Ebene, und dies vor allen Dingen für die Mütter. Die partnerschaftliche Gemeinschaft wird dauernd belastet.

Die dauerhafte und verlängerte Angewiesenheit des Kindes auf Fürsorge ist eine umfassende, alltägliche Arbeit, die sich deutlich auf das soziale Erleben der Frauen auswirkt.

Sozialzentriertes Verlusterleben

Die in unserer Gesellschaft erheblich verlängerte Mutter-Kind-Dyade (vgl. Nadig ebd.) wird gelockert, wenn die Kinder selbständiger werden und eine außerfamiliäre Betreuung institutionalisiert ist. Der in den letzten Jahren zu verzeichnende Anstieg der (zum großen Teil privat organisierten) Krabbelstuben läßt erkennen, daß die Mütter von sich aus initiativ werden, um die überzogene Mutter-Kind-Dyade zu lösen, wobei das ungenügende Angebot und die oft unzureichende Ausstattung an öffentlich finanzierten Kinderkrippen deutlich machen, daß das gesellschaftliche Interesse an dieser Veränderung der Mutter-Kind-Dyade gering ist.

Etwas besser wird das Angebot im Kindertagesstättenbereich, auch wenn es längst nicht ausreicht. Die Möglichkeit der außerfamiliären Betreuung, verbunden mit der wachsenden Selbständigkeit der Kinder, eröffnet den Müttern parallel Freiräume und Möglichkeiten zu eigenständiger Entwicklung. Wenn die Kinder nun behindert sind, bleiben diese in einer verlängerten bis dauerhaften Angewiesenheit auf Fürsorglichkeit, wobei sich die Situation bei schwerstbehinderten Kindern nochmals verdichtet. Die verlängerte Kindheit oder – bei schwerstbehinderten Kindern – das Verbleiben in einer säuglingshaften Angewiesenheit bedeutet für die Mütter, daß sie einen Verlust an autonomer Entwicklung für sich selbst erleben.

Das Aufgeben ihrer persönlichen autonomen Entwicklung geschieht in der Wechselwirkung zwischen sozialen Anforderungen und deren Verinnerlichung über die Ausbildung eines entsprechenden Selbstbildes als Mutter.

Dieses Aufgeben der autonomen Entwicklung verfestigt dauerhaft die Einbindung der Mütter in den relativ isolierten privaten Bereich mit den geringeren sozialen Kontakten, die sich häufig lediglich auf die Herkunftsfamilie beschränken.

Die Isolation und die Einschränkung in der autonomen Entwicklung bedeuten für die Mütter einen eklatanten Verlust an sozialen Entwicklungsmöglichkeiten. In den Beratungsgesprächen klagen die Frauen darüber, daß der Alltag mit der Fürsorge für das Kind und mit seiner Pflege ausgelastet ist. Die Kinder müssen oft bis zu sechs Jahren und darüber hinaus gewickelt werden. Ihre Selbständigkeitsentwicklung findet mit erheblichen zeitlichen Verzögerungen statt. Dazu kommen Arztbesuche, Krankenhausaufenthalte, Therapie und Förderung, wodurch die Zeit der Frauen noch mehr eingeschränkt und institutionellen Anforderungen untergeordnet wird.

Ich habe es immer als Skandal empfunden, wie wenig diese Alltagsrealität der Mütter beachtet wird, wie sehr sie vielmehr mit immer neuen Anforderungen und Aufgaben überfrachtet werden. Mehr als einmal habe ich diese Ignoranz gegenüber der Belastung der Mütter bei medizinischen Gutachten eines kinderneurologischen Zentrums erlebt, in denen Empfehlungen standen, wie z. B. daß die Kinder zweimal wöchentlich Krankengymnastik »brauchen«, dazu noch Beschäftigungstherapie und Sprachförderung. Die ÄrztInnen haben nie gefragt, wie die Mütter das denn alles in ihren Alltag einplanen sollten, geschweige denn, welche Konsequenzen das für sie hätte. Diese ärztlichen Anforderungen erdrücken die Mütter. Aus »Liebe« und Schuldgefühlen glauben sie, ihnen nachkommen zu müssen.

Es ist eindeutig, daß sie ihre autonome Entwicklung einem fragwürdigen therapeutischen Wohl ihres Kindes opfern sollen und daß die Auswirkungen auf ihr soziales Erleben als nicht existent gelten.

Diese erheblichen Belastungen in der Alltagsrealität, die Isolation, der Verlust an autonomer Entwicklung der Mütter werden ebenfalls durch eine Vielzahl empirischer Untersuchungen bestätigt.

Rauh (ebd.) stellt in ihrer Untersuchung fest, daß die Behinderung des Kindes die Alltagsgestalt der Frauen verändert. Die Mütter geben ihren Beruf auf oder vermindern ihre Erwerbstätigkeit. Ein behindertes Kind bedeutet schon während der ersten Lebensjahre ein Mehr an Pflegeaufwand, wobei dieser Pflegeaufwand mit dem Alter des Kindes zunimmt. Ganz besonders betroffen sind davon die Mütter schwerstbehinderter Kinder (vgl. Kniel 1987). Die Mütter bestätigen den erheblichen Zeitaufwand durch die Kontakte zu Institutionen. Sie erleben die Zukunft mit Angst, Angst vor der ständigen Verantwortung für ihr Kind. Die Hälfte der von Rauh (ebd.) befragten Mütter sieht keine Lösung für diese Probleme.

Auch die von Fröhlich (ebd.) interviewten Mütter geben eine große Angst vor der Zukunft an und erleben kaum positive Zukunftserwartungen und -perspektiven. Die Mütter empfinden die Isolation als belastend. Um ihr zu entgehen, wären sie gerne berufstätig, nehmen aber aus Schuldgefühlen gegenüber ihrem Kind von diesen Plänen Abstand. Sie sprechen von zaghaften Versuchen der Autonomieentwicklung und dem Versuch, bescheidene Reste persönlicher Freiheit zu erhalten. Die sozialen Kontakte der Mütter beschränken sich meist auf Kontakte zu Fachleuten, die sie als unbefriedigend erleben, und auf den innerfamiliären Bezugskreis, da die Mütter nicht die Zeit und Energie aufbringen, die für die Aufrechterhaltung und Stabilisierung eines außerfamiliären Bezugskreises notwendig wären (Schatz ebd.). Die Unterstützung durch die Herkunftsfamilie wird dabei häufig ambivalent als Abhängigkeit erlebt. Partnerschaftsprobleme belasten die Mütter noch zusätzlich (vgl. Fröhlich ebd.; Romans-Clarkson u. a. ebd.).

Der Verlust an sozialer Integration und autonomer Entwicklung der Mütter ist bedrückend und erschütternd. Die persönlichen Folgen sind erheblich. Romans-Clarkson u. a. (ebd.) sprechen von einer erhöhten Zahl der Mütter behinderter Kinder, bei denen sie eine Nähe zur psychischen Erkrankung festgestellt haben. In einem Gesundheitsfragebogen nennen die Mütter Störungen der Lebensqualität: Erschöpfung, Nervosität, Übellaunigkeit, keine Erholung im Schlaf finden, ein gutes Stärkungsmittel brauchen. Auch Kniel (ebd.) weist die Erschöpfung der Mütter nach, ihre Müdigkeit, Schwächegefühle, Schlafbedürfnis, Benommenheit und Mattigkeit. Ebenso geben die von Fröhlich (ebd.) interviewten Mütter Problemhäufungen und depressive Symptome an. Einige der befragten Frauen machen unmißverständliche Andeutungen über Medikamenten- und/oder Alkoholmißbrauch, und sie kennen Suizidphantasien als letztendliche Lösung ihrer Probleme. Die Ursache ihres schlechten gesundheitlichen Zustandes sehen die Mütter in der dauerhaften Belastung durch ihre schwerstbehinderten Kinder (vgl. Fröhlich ebd.). Kniel (ebd.) weist darauf hin, daß die Belastung der Mütter sich mindert, wenn das soziale Umfeld praktische und emotionale Stützfunktion übernimmt, also soziale Verantwortung übernommen wird. Den Partnern der Mütter und dem sozialen Netzwerk, d. h. den alltäglichen relevanten Beziehungen, kommt dabei eine herausragende Bedeutung zu. Praktische Hilfe erfolgt meist im innerfamiliären Rahmen, emotionale Unterstützung durch freundschaftliche Beziehungen.

Wenn die Mütter durch entsprechende soziale Netzwerke diese Unterstützung und die Übernahme der sozialen Verantwortung nicht erfahren, bleibt das vorherrschende Gefühl der Isolation und des Alleingelassenseins, wobei die Alltagsbelastungen als niemals zu bewältigender Berg erlebt werden, was durch als irreal und bedrohlich erlebte Erwartungen der Fachleute, die das Kind betreuen, noch verstärkt wird (vgl. Fröhlich ebd.). Der Verlust an sozialer Integration und autonomer Entwicklung wendet sich als Folge der privatisierten Mutterschaft gegen die Frauen und manifestiert sich in psycho-physischer Erschöpfung und massiven sozialen Einschränkungen.

Die Mutterschaft wird für die Frauen ausweglos. Wenn die meisten von Fröhlich (ebd.) interviewten Mütter angeben, daß ihr Kind ihr Leben verdorben hat, so ist das eine verständliche Aussage. In ihrem Kind personifiziert sich ihre erschütternde Lebensrealität und die Tatsache, daß in dem gesellschaftlichen Konzept von Mutterschaft nicht vorgesehen ist, Mutter eines behinderten Kindes zu werden. Diese traditionslose Mutterschaft (vgl. Balzer/Rolli 1979) entlarvt die traditionellen Vorstellungen als Ideologie, die den sozialen Ausschluß der Frauen verfestigt und die Auswirkungen der Behinderung auf Kosten der Mütter privatisiert.

Die Beschreibungen des kindzentrierten, identitätszentrierten und sozialzentrierten Verlusterlebens rechtfertigen in ihrer Komplexität einmal mehr, die Behinderung des Kindes als traumatische Erfahrung der Mütter zu bezeichnen. Es wäre jedoch eine statische Sichtweise, bei der Benennung des Verlusterlebens stehenzubleiben, wie dieses durch empirische Daten hinreichend belegt ist. Das komplexe Verlusterleben wird nicht lediglich passiv erfahren, sondern aktiviert Formen der Bewältigung. Dies geschieht in einem dynamischen Prozeß, den ich unter den Aspekten der Trauer und Autonomieentwicklung beschreiben will.

4
Trauer und Autonomie

Das Erleben der Mütter behinderter Kinder zu verstehen und zu erklären erfordert einen Ansatz, der sowohl die individuellen Prozesse sinnverstehend erhellt, als auch die sozialen Bedingungen mit einbezieht und die Rückkoppelung der sozialen Situation in dem individuellen Erleben reflektiert. Die theoretische Begründung meines feministisch-psychoanalytischen Ansatzes habe ich an anderer Stelle ausführlich dargelegt (vgl. Jonas 1990). Daher möchte ich hier lediglich einen kurzen Abriß geben. Er soll als theoretisches Grundverständnis dienen für das, was ich dann anhand der Praxisbeispiele und Beschreibungen zum Prozeß und zur Entwicklung der Mütter behinderter und schwerstbehinderter Kinder ausführen werde.

Trauer ist die regelmäßige Reaktion eines Menschen auf einen wie auch immer gearteten Verlust. Die Merkmale der Trauer bestimmen sich aus der Unabänderlichkeit des Ereignisses, der Regelmäßigkeit des Auftretens, der Erschütterung der Identität und des Selbst- und Welterlebens, der Reorganisation der Projektionen in das eigene Selbst und der deutlichen Störung des biologischen, psychischen und sozialen Gleichgewichts (vgl. Jonas ebd.).

Trauer ist kulturabhängig, da die sozialen Konventionen vorgeben, wie getrauert wird, was traurig macht und wer traurig zu sein hat (vgl. Howe/Ochsmann 1985).

Der Trauerprozeß wird in der Literatur meist mit Hilfe eines Phasenmodells beschrieben, wobei keine Einigkeit über die Anzahl der Phasen, die Dauer und deren Unterscheidung besteht (vgl. Moebius 1985 a).

Weiß (1989) warnt ausdrücklich vor einer mechanistischen Anwendung des Phasenmodells der Trauer und nimmt deshalb Abstand davon. Diese Warnung von Weiß kann ich nur unterstreichen. Allerdings habe ich mich trotz dieser Bedenken für ein Phasenmodell der Trauer entschieden, da ich befürchte, daß sonst der Verlust und das Trauererleben gleichsam mit einem strukturierenden Modell verworfen werden. Und damit würde der *Prozeß* unsichtbar, den Mütter erleben.

Das Trauermodell erscheint mir deshalb geeignet, da es hilfreich ist, in dem komplexen Geschehen nach der Geburt eines behinderten Kindes einen sinnverstehenden Überblick zu gewinnen. Die Phasen habe ich in Anlehnung an Kast (1984) wie folgt benannt:

1. Nicht-Wahrnehmung und Suche
2. Aufbrechende chaotische Emotionen
3. Suchen, Finden und Sich-Trennen
4. Autonomieentwicklung als neuer Selbst- und Weltbezug

Die Phasen sind als nicht abgegrenzt voneinander zu begreifen, sondern gleichsam als Markierungssteine in einem dynamischen Prozeßgeschehen. Um dieses Phasenmodell nicht mechanistisch den Menschen überzustülpen, müssen wir uns einige Grundbedingungen verdeutlichen.

Das Trauermodell ist ein theoretisches Konstrukt, d. h., es stellt theoretische Annahmen über die Praxis der Menschen dar (vgl. Lorenzer ebd.). Das hat zur Folge, daß, wenn Theorie und Praxis auseinanderklaffen, die Theorie auf ihre Stimmigkeit überprüft werden muß (und nicht der Mensch der Theorie angepaßt wird). Ich bevorzuge dieses Trauermodell, da es zunächst aus lebenspraktischen Vorannahmen entstanden ist, die auf den Beratungserfahrungen mit Müttern behinderter Kinder beruhen. Da dieser Prozeß von Müttern erlebt wird, also ihr subjektives Erleben beschreibt, kann ich von der Stimmigkeit des Modells ausgehen. Es ist jedoch völlig unsinnig, Müttern z. B. zu sagen: »Jetzt sind Sie in der Phase der aufbrechenden chaotischen Emotionen.« Denn es besteht ein Unterschied zwischen dem konkreten emotionalen Erleben der Mütter und der theoretischen Begrifflichkeit für dieses Erleben. Sich die Phasen zu vergegenwärtigen kann aber nützlich sein, um auch emotional nachzuvollziehen, wie schmerzhaft der Prozeß ist, wie langwierig und was die Mütter emotional zu verkraften haben. Es gilt zu gewährleisten, daß jede Frau die Möglichkeit hat, ihr individuelles Erleben zu artikulieren und ihren Gefühlen Ausdruck zu verleihen.

Des weiteren möchte ich darauf hinweisen, daß die Selbstreflexion als wesentlicher Bestandteil der Beratung und Begleitung von Müttern behinderter Kinder notwendig ist, um den Trauerprozeß der Mütter zu verstehen und um damit so umzugehen, daß dieser Prozeß in der Interaktion mit den Müttern zum Tragen kommt.

Zu Beginn meiner Frühberatungstätigkeit ergab es sich, daß ich vier schwerstbehinderte Kinder zu fördern hatte. Ich war damals noch voller Begeisterung darüber, was sich durch Förderung alles »erreichen« ließe. Die Kinder rührten mich an. Einerseits fühlte ich deutlich ihre Lebendigkeit, gleichzeitig erlebte ich ihre geringen Ausdrucksfähigkeiten und ihre Wahrnehmungseinschränkung. Ich wurde damals innerhalb kurzer Zeit immer depressiver. Meine Fördereuphorie und mein Ehrgeiz, daß es mir gelingen würde, die Kinder zu Entwicklungsschritten zu veranlassen, »paßten« nicht zu meinen depressiven Gefühlen, die mich irritierten. Ich fand mein Tun immer sinnloser, zweifelte an mir und meinen Fähigkeiten und schwankte zwischen neuen Förderprogrammen und dem Wunsch, nichts mehr zu tun. Wenn ich zu den Müttern und den Kindern fuhr, hatte ich das Gefühl, daß meine depressive Haltung mir aus allen Poren troff.

Ich bin den Müttern und Kindern heute noch dankbar, daß sie mich damals ausgehalten haben.

In der Selbstreflexion im Team wurde mir dann bewußt, was mit mir passierte.

Ich wollte die Schwerstbehinderung der Kinder nicht wahrnehmen, konnte die Realität ihrer Behinderung nicht anerkennen, sondern wollte sie wegfördern, um meine berufliche Identität und meinen Glauben an die Wirksamkeit von Förderprogrammen zu retten. Die Realität der Kinder setzte mir Grenzen. Daraufhin wurde ich immer deprimierter, alles erschien mir sinnlos. Nachdem ich den Zusammenhang meiner Gefühle wahrgenommen hatte, war der nächste Schritt zu überlegen, ob es nicht den Müttern ähnlich ginge. Ich fühlte mich in ihre Situation ein. Ich kam frisch und neu in die Familie. Damit waren mit mir Hoffnungen verbunden, daß ich vielleicht doch noch Mittel und Wege gegen die Behinderung finden würde. Gleichzeitig war den Müttern die Aussichtslosigkeit klar. Ich überlegte, ob ihnen nicht genauso depressiv zumute war wie mir, da sie wiederum mit der Unabänderlichkeit der Behinderung konfrontiert waren.

Nachdem ich dies im Team erarbeitet hatte, durchlief ich zum einen meinen persönlichen Trauerprozeß, die Schwerstbehinderung der Kinder als Realität anzuerkennen, und zum anderen brachte ich diese Gefühle ins Gespräch mit den Müttern ein. Damit veränderte sich der Schwerpunkt meiner Arbeit. Ich begleitete die Frauen in ihrem persönlichen Prozeß der Auseinandersetzung und des Alltags mit ihrem Kind. Eine Frau konnte sich auf dieses Angebot nicht einlassen. Sie beendete die Förderung und Beratung durch mich und wechselte zu einer Therapeutin, die eine bewegungstherapeutische Außenseitermethode praktizierte. Auch diese Tatsache stürzte mich wieder in Selbstzweifel und in Gefühle, versagt zu haben, bis ich die Realität wahrnehmen konnte, daß diese Frau das Recht hatte, ihren eigenen Weg zu gehen, und daß es Mütter und Väter gibt, die vielleicht auch einfach nicht mit mir zurechtkommen.

Diese eigenen Erfahrungen sollen verdeutlichen, daß es bei der Wahrnehmung der Trauer nicht um die mechanistische Anwendung eines Modells geht, sondern um die Selbstwahrnehmung und Reflexion der eigenen Emotionen, die dann ins Gespräch gebracht werden können.

Nach den Beratungserfahrungen mit den Müttern (und Vätern) sowie aufgrund der theoretischen Modelle zur Trauer gehe ich davon aus, daß, zumindest bei existentiell bedeutsamen Erfahrungen, nicht von einem »Abschluß« der Trauer gesprochen werden kann. Ich habe daher den Begriff der »zirkulierenden Trauer« (vgl. Jonas 1988, 1989, 1990) eingeführt. Zirkulierende Trauer heißt, »daß der mit der Trauer verbundene Gefühlskomplex nicht abgeschlossen ist, sondern zirkulierend immer wieder durchlebt wird. Die Trauer verändert dabei im Laufe der Zeit und des Lebens ihre Ausdrucksform und Intensität, wird über einen neuen (autonomeren) Selbst- und Weltbezug in die Persönlichkeit integriert und von der veränderten Persönlichkeit in neuer Intensität und Ausdrucksform wieder durchlebt« (vgl. Jonas 1988, S. 9; vgl. Jonas 1990).

»Zirkulierende Trauer« bedeutet demnach, lebensbegleitend immer wieder auf bedeutsame Verluste zuzugehen, den Prozeß zu durchleben, um autonomer, mit verändertem Selbst- und Weltbezug aus diesem Prozeß hervorzugehen.

Die zirkulierende Trauer werde ich in Unterscheidung zur chronischen Trauer darstellen und die Bedeutung der autonomen Entwicklung dabei herausarbeiten (vgl. Kap. 5).

Die Verbindung von Trauer und Autonomie begründet sich daraus, daß die Trauer zu einer Neuorganisation (nicht im regressiven Sinne) des Menschen führt, die ihn/sie autonomer werden läßt. Nach einer traumatischen Erfahrung kann Autonomie als Reintegration der Persönlichkeit begriffen werden (vgl. Bettelheim 1980).

Autonomieentwicklung ist analog dem Trauerprozeß individuell und sozial bestimmt. Diese Aspekte können unterschieden, aber nicht getrennt werden, da sie sich wechselseitig beeinflussen.

Das dialektische Spannungsverhältnis von Autonomie und Abhängigkeit ist nach Mentzos (1988) ein menschlicher Grundkonflikt. Autonomie an sich ist eine Utopie, vielmehr geht es darum, »das jeweils stimmige Verhältnis von Autonomie und Abhängigkeit zu finden, von Autonomie und neuer Bezogenheit« (Kast 1985, S. 9). Autonomie ist ein Prozeß, der sich im Leben im Sinne eines Autonomer-Werdens verwirklicht und die Fähigkeit beschreibt, sich eigenaktiv zur Umwelt zu verhalten (vgl. Milani-Comparetti 1987).

Autonomie ist verbunden mit Verantwortung für sich selbst und mit Trennung, »damit aber mit Verlust, mit Schuldgefühlen von der einen, mit Gekränktsein von der anderen Seite, mit Trennungsängsten von beiden Seiten« (Kast 1985, S. 8).

Der Trennungsschritt, der zur Autonomie notwendig ist, führt zu einem Loslassen und damit zu einem Verlust des bisher Gewohnten, einem Verlust an Sicherheit in den eingefahrenen Strukturen. Um diesen Trennungsschritt vollziehen zu können, bedarf es der Aggression, um die Unterscheidung durchhalten zu können, so daß kein Aufgeben und Resignieren aus Angst oder Schuldgefühlen erfolgt. Aggression ist im Sinne der Selbstbehauptung gegen äußere Einflüsse, gegen drängende innere Impulse oder Schuldgefühle unerläßlich und wird verstanden als die emotionale Qualität, die zu entschiedenem Handeln befähigt (vgl. Kast 1985).

Ausgehend von den von Kast genannten Gefühlsqualitäten ist es möglich, den Prozeß der Autonomieentwicklung mit dem Prozeß der Trauer zu verbinden, da die Bewußtwerdung der eigenen Position eine Auseinandersetzung und Entscheidung mit sich bringt, die einen Verlust bedeutet und einen autonomeren Selbst- und Weltbezug ermöglicht. Gleichzeitig bedeutet ein neuer Selbst- und Weltbezug ein Autonomer-Werden gegenüber der vorherigen Position, gegenüber vorherigen Gefühlen. Die ausgelösten Emotionen – Schuldgefühle, Ängste, Gekränktsein und Aggression – sind dabei auch wesentliche Emotionen des Gefühlskomplexes Trauer.

Autonomie bedeutet jedoch keine statische Autonomie der Nur-Abgrenzung, sondern beinhaltet auch immer eine veränderte Bezogenheit. Diesen Prozeß der Dialektik des Loslassens benennt Keller (1986) mit dem Begriff der »dynamischen Autonomie«. »Die dynamische Autonomie spiegelt ein Ich-Gefühl (Winnicott nennt es das ›wahre Selbst‹), das sich von anderen abgrenzt und sich auf andere bezieht, und ein Gefühl für andere als Subjekte, mit denen man genug gemeinsam hat, um Anerkennung ihrer unabhängigen Interessen und Gefühle zuzulassen – kurz gesagt, um sie als andere Subjekte anzuerkennen« (Keller ebd., S. 105). Wenn ich hier von Autonomie spreche, geschieht dies im Sinne der »dynamischen Autonomie« von Keller, d. h., daß neben der Qualität der Abgrenzung die Erfahrung der Kontinuität unabdingbar zur Autonomieentwicklung gehört.

Emotionen der Angst vor Einsamkeit und Bindungsverlust, aber auch Angst vor Verschmelzung, gegensätzliche Wünsche nach Intimität und Unabhängigkeit müssen ausgehalten werden und sind in einem inneren Balanceakt zu bewältigen (vgl. Keller ebd.; vgl. auch Mentzos ebd.). Die Bewältigung und Lösung dieser Ambivalenzkonflikte bestimmen sich durch die Stärke der jeweiligen Impulse, durch Ich-Fähigkeiten und soziale Bedingungen und Realisierungsmöglichkeiten. Zur Autonomieentwicklung gehört unabdingbar die Entscheidungs- und Wahlmöglichkeit, die ggf. durch psychische Faktoren blockiert sein kann. Da sich Autonomieentwicklung als neuer Selbst- und Weltbezug in der Interaktion und in der Handlung bewähren muß (vgl. Kast 1985), ist die soziale Dimension der Autonomieentwicklung von Bedeutung.

Als soziale Aspekte der Autonomieentwicklung von

Frauen kann beispielsweise Erwerbstätigkeit genannt werden, da dadurch ggf. die sozio-ökonomische Unabhängigkeit gesichert wird. Soziale Autonomie bedeutet unter den derzeitigen gesellschaftlichen Bedingungen das Recht auf Aus- und Fortbildung, auf eigene soziale Zukunftssicherung, auf selbstbestimmte Tätigkeiten und Beziehungen, auf zeitliche und räumliche Freiräume, auf Möglichkeiten, sich eigenbestimmt zu betätigen (vgl. Jonas 1990). Die Beschreibung der sozialen Autonomieentwicklung muß zugegebenermaßen etwas grobflächig bleiben, da ich davon ausgehe, daß jede Frau für sich selbst bestimmt, was für sie im derzeitigen sozialen Kontext und in ihrer individuellen Lebenssituation Autonomie bedeutet, wobei gerade für Frauen und Mütter die Verflochtenheit von psychischen und sozialen Faktoren die Entwicklung der sozialen Autonomie erheblich erschwert und ein schwer entwirrbares Feld ineinandergreifender Prozesse ist. Es scheint mir geboten, Autonomieentwicklung so offen zu beschreiben, da ich – um es mit Lorenzer (ebd.) zu sagen – keinen »Entwurf des richtigen Lebens« für Frauen habe, sondern während meiner Beratungstätigkeit nur anbieten konnte, die Verflechtung der psychischen und der sozialen Faktoren entwirren zu helfen. Die Entscheidung, diese Erkenntnis in ihr Leben umzusetzen, liegt in der Verantwortung jeder einzelnen Frau. Daher bedeutet Autonomie auch keine neue Anforderung an die Mütter behinderter Kinder, sondern ihre autonomen Bestrebungen ergeben sich aus der Prozeßentwicklung.

Das wird beispielsweise an dem Prozeß von Frau K. (vgl. Einführung) deutlich, die über die Auseinandersetzung mit der Behinderung ihrer Tochter zu der Erkenntnis gelangte, daß sie bisher nur an die Familie gedacht hatte und nun an sich selbst denken wollte. Als ersten praktischen Schritt hatte sie die Kinder aus dem ehelichen Schlafzimmer verbannt, dann einen Englischkurs besucht. Die Konflikte, die aus dieser Abgrenzung erwuchsen, hielt sie aus und ging schließlich mit ihrem Mann in Paartherapie. Oder Frau L. (vgl. Kap. 2), die von ihren Eltern wegzog und sich entschied, eine besser bezahlte Tätigkeit anzunehmen, dafür aber auf die Förderung verzichtete.

Die Bedeutung und Wichtigkeit dieser autonomen Schritte

der Frauen sind nur in ihrem persönlichen Leben für ihre Situation erheblich, aber nicht übertragbar auf andere Frauen in anderen Lebenssituationen.

Nachdem ich die Begriffe eingeführt habe, will ich mit deren Hilfe den Trauerprozeß und die Autonomieentwicklung der Mütter behinderter Kinder beschreiben.

Nicht-Wahrnehmung und Suche

Die Phase der Nicht-Wahrnehmung und Suche kann allgemein bei einem Verlust, wie folgt, beschrieben werden: Es ist eine Zeit der Empfindungslosigkeit, des Schocks, der Starre, der Betäubung, wobei dieses Eingefrorensein der Emotionen immer wieder unterbrochen wird von Phasen des extremen Schmerzes und/oder der extremen Wut. Es ist das Gefühl der Unfähigkeit, das Ausmaß des Verlustes zu begreifen. Die Selbstempfindung ist meist passiv, das Gefühlserleben erstarrt. Der Mensch ist kaum in der Lage, eigene Entscheidungen zu treffen. Handlungen erscheinen eher automatenhaft. Die Realität und die eigene Person werden wie hinter einer Glaswand wahrgenommen. Ebenso können Reaktionen wie Überaktivität, Reizbarkeit, Verletzbarkeit und Mißtrauen auftreten. Die Nicht-Wahrnehmung des Verlustes ist ein Abwehrmechanismus, der als Bewältigungsmechanismus zu begreifen ist. Die Abwehr der Wahrnehmung dient dem Selbstschutz, es ist der Versuch, der Erschütterung durch den Verlust zu entgehen.

Parallel zur Abwehr der Wahrnehmung des Verlustes erfolgt die Suche nach dem, was verlorenging. Die Suche ist die Bemühung, den Verlust rückgängig zu machen, da die Erfahrung des Verlustes in der Vollständigkeit als nicht ertragbar erlebt wird.

Die einsetzende Wahrnehmung erfolgt in Wellen. Einerseits werden alle erdenklichen Versuche unternommen, den Verlust ungeschehen zu machen, andererseits lassen die Menschen Teile der Wahrnehmung zu, gleichsam als Probe, inwieweit sie den Verlust aushalten können.

Als dauerhafter Versuch, der Wahrnehmung des Verlustes zu entgehen, kann die »Geschäftigkeit wider den Verlust« bezeichnet werden, eine Geschäftigkeit, die verhindert, daß die als bedrohlich erlebte Wahrnehmung und das Ausmaß des Verlustes in das Bewußtsein gelangen. Ein weiterer Ausdruck der Verdrängung kann das Kümmern um Menschen mit ähnlichen Problemen sein. Die eigenen trauerbedürftigen Seiten werden projektiv in den von ähnlichen Problemen betroffenen Menschen erlebt. Indem diesen Menschen geholfen wird, ist es möglich, sich indirekt mit der eigenen Trauerarbeit zu beschäftigen (vgl. Kast 1984, 1987; Spiegel 1986; Howe/Ochsmann 1985; Bowlby 1982, 1983; vgl. Jonas 1990).

Für die Bewältigung der Behinderung spricht Milani-Comparetti (1987) davon, daß es nach der Mitteilung der Behinderung zu einer »Ablehnung der Realität« und einer »Ablehnung der Unterschiedlichkeit« (ebd., S. 229) durch die Mütter und Väter kommen kann. Die Behinderung wird als Übel erlebt und geleugnet. Als Abwehrmechanismus nennt er eine »schizo-paranoide Haltung« (ebd., S. 229), d. h., daß aus Angst magische Rituale gegen das Übel durchgeführt werden. Das führt zu einer »Reparaturtherapie« (ebd., S. 229), in der jeder Defekt therapiert wird, auch wenn es überhaupt keine Behandlungsmöglichkeit gibt.

Milani-Comparetti bezeichnet die daraus folgenden Aktivitäten als »wilde Rehabilitation« (ebd., S. 229).

Als institutionalisierte Form der Abwehr nennt er für den Behindertenbereich die »manische Verbandshaltung« und die »anspruchsorientierte Verbandshaltung« (ebd., S. 229). Die »manische Verbandshaltung« heißt, daß die sich aus der Behinderung bestimmende Unterschiedlichkeit geleugnet wird und eine Gleichmacherei (»Wir alle sind behindert«) vorgenommen wird. Die »anspruchsorientierte Verbandshaltung« ist gekennzeichnet durch Schadensersatzforderungen an den Staat und durch »Förderaktivismus« (ebd., S. 230), d. h., daß immer mehr Kinder immer mehr Behandlungen zugeführt werden, als ob eine große Summe der Behandlungen mehr Resultate ergäbe.

Aus der Abwehr der Mütter (und Väter) und der Abwehr in der Verbandshaltung ergibt sich nach Milani-Comparetti eine »perverse Allianz« (ebd., S. 229), weil die individuelle Abwehr durch Fachleute unterstützt wird. In diesem Sinne dient die Hilfe der Professionellen nicht dem Kind, sondern sie ist gegen die Angst vor der Wahrnehmung gerichtet.

Für die spezifische Situation der Mütter behinderter Kinder kann als vorrangiges Kennzeichen der Phase der »Nicht-Wahrnehmung und Suche« die Abwehr der Wahrnehmung der Behinderung und die »Geschäftigkeit wider den Verlust« bezeichnet werden. Diese Abwehr dient dem Selbstschutz, da die vollständige Wahrnehmung des kind-, identitäts- und sozialzentrierten Verlusterlebens nicht ertragen werden kann. Die Mitteilung der Behinderung und der darauf folgende Schock beeinträchtigen aber bereits das gesamte Erleben der Mütter. Gefühle der Erstarrung wechseln mit Aufbegehren.

Ich habe schon beschrieben, wie Frau A. (vgl. Kap. 3) von der Behinderung ihres Sohnes in ihrem psycho-sozialen Erleben regelrecht überrollt wurde. Auch habe ich von den Erfahrungen von Frau K. (vgl. Einführung) berichtet, die lange Zeit die Behinderung ihrer Tochter nicht wahrnehmen wollte und die nach der Diagnose das Gefühl hatte, daß die Welt zusammenbreche. Die Reaktion von Herrn K. sei hier auch noch einmal erwähnt, der versuchte, das Schockerlebnis zu bewältigen, indem er auf der Handlungsebene seine ganze Hoffnung in Therapie und Förderung setzte. Die Handlungsebene kann kurzfristig von Gefühlen der Erleichterung begleitet sein, denn es bedeutet, etwas gegen den Verlust tun zu können.

Frau H. berichtete nach der Diagnose der Behinderung bei ihrem Sohn von Gefühlen der Lähmung und Verzweiflung. Sie habe ihren Sohn abgelehnt, ihm den Tod gewünscht, ihn nicht stillen können. Dann wieder sei sie voller Zärtlichkeit gewesen. Alle Gedanken seien um die Behinderung gekreist. Sie hatte Angst, daß andere ihm die Behinderung ansehen könnten, und habe sich gleich mit den Möglichkeiten der kosmetischen Operation beschäftigt und sich entsprechende Klinikadressen besorgt. Sie fragte immer wieder nach den Prognosen und den Entwicklungsmöglichkeiten bei dieser Behinderung. Sie ging in einen Sonderkindergarten, schaute sich Kinder mit der gleichen Behinderung an und war noch fester entschlossen, ihren Sohn kosmetisch operieren zu lassen, damit niemand die Behinderung sähe. Dann wollte sie ihren

Sohn in ein Heim geben, sagte im gleichen Atemzug, daß sie ihn niemals in ein Heim geben werde, eher werde sie sich und ihn umbringen. Parallel empfand sie, selbst zum Kind zu werden, fragte dann hilflos, was sie tun solle, wie sie ihren Sohn anfassen müsse, wie er zu wickeln und zu füttern sei. Dann wieder sagte sie voller Mut der Verzweiflung, daß sie ihren Sohn fördern und therapieren werde. Sie wolle der Welt beweisen, daß aus ihm »etwas herauszuholen« sei.

Die Mütter sind kaum in der Lage, eigene Entscheidungen zu treffen. Um die überwältigende Angst zu reduzieren, wird die Fremdbestimmung durch ÄrztInnen, Pflegepersonal und TherapeutInnen akzeptiert, da durch die Aktivität der medizinischen Versorgung und Therapie scheinbar etwas gegen den drohenden Verlust getan werden kann und dieser nicht passiv erlitten werden muß. Die ganze Hoffnung der Mütter liegt in der Therapie, die Hoffnung, daß dadurch ihr Kind von der Behinderung geheilt werden kann. Die Wahrnehmung des Verlustes ist lediglich diffus möglich. Das Erleben kreist um die Unannehmbarkeit der Behinderung.

Die Hoffnungen der Mütter behinderter Kinder auf ein unbeschädigtes Kind bauen sich im Laufe der Jahre ab, und zwar je mehr ihr Kind hinter der Entwicklung altersgleicher Kinder zurückbleibt. Das bedeutet, daß das Aufgeben der Hoffnung, den Verlust reversibel zu machen, und das Einsetzen der schrittweisen Wahrnehmung unter Umständen Jahre dauern können. Die Mütter bleiben in einem Schwebezustand von Hoffnung und Furcht sowie Vertrauen in Therapie und Medizin.

Diese Hoffnung kam, wie auch die Verunsicherung, in der Beratung immer wieder zum Ausdruck. Die Mütter sagten: »Ich habe gehört, daß es in Z. eine Therapeutin gibt, die nach der XY-Methode behandelt. Meinen Sie, daß ich mal zu dieser Therapeutin gehen soll?« Oder: »Der Arzt auf dem Gesundheitsamt hat mir gesagt, daß wir mit unserer Tochter viel zu wenig getan haben. Er sagt, daß, wenn unserer Tochter jemand helfen kann, es nur noch die Klinik in X. ist. Wir werden das mal ausprobieren.« Oder: »Ich habe jetzt eine Therapeutin gefunden, die sagt, daß nur ihre Methode hilft. Deshalb komme ich nicht mehr zu Ihnen.« Oder: »Der Arzt in X. sagt, daß Frühförderung die Behinderung fördert, seine

Methode aber Behinderung heilt und daß unser Junge in ein paar Jahren Fußball spielen kann, wenn er nach seiner Methode behandelt wird.«

Der mütterliche Kompetenzverlust durch fremdbestimmte medizinische Maßnahmen geschieht scheinbar bereitwillig und kann daher zunächst eventuell nur aus vorhandenen latenten oder manifesten Minderwertigkeitsgefühlen sowie Autoritätsängsten erschlossen werden. Selbst sehr selbstbewußte Frauen glauben einem Arzt nicht mehr widersprechen zu dürfen, da er es doch »wissen muß«. Die scheinbare Bereitwilligkeit gründet nicht zuletzt in dem Versuch, durch den therapeutischen Einsatz für das Kind ein Gefühl für sich als gute Mutter zu bekommen und über das Handeln die positiv besetzten Beziehungsphantasien als Mutter und das unversehrte Selbstbild wiederherzustellen. Dies ist trügerisch, da die Mütter nicht in eigener Kompetenz handeln, sondern an fremdbestimmter Kompetenz partizipieren.

Therapie und Medizin verstärken in dieser Phase eher die Tendenz, nicht wahrzunehmen, und den Versuch, den Verlust rückgängig zu machen.

Ich habe im Laufe der Jahre einen nach meinem Dafürhalten begründeten Zorn auf alle »SupertherapeutInnen« bekommen und auf den Methodenstreit, der sich durch die Krankengymnastik (Bobath-Methode versus Vojta-Methode) und durch die Förderung von Kindern mit Behinderungen zieht.

Die Mütter sind der Situation völlig ausgeliefert und hoffen, ihr Kind heilen zu können. Dazu sind sie völlig unvorbereitet auf ihre Lage, da die gängigen Bewältigungsmechanismen versagen, und sie verfügen über keinerlei tradiertes Wissen. Und die Fachwelt maßt sich an, die Methodenkämpfe auf dem Rücken der Mütter auszutragen. Eine Mutter sagte einmal zu mir, daß sie sich wie ein Suppentopf fühle, in den die Fachwelt ihre Methoden schütte. Sie sei nicht vom Fach und müsse nun aus diesem Suppentopf etwas herausschöpfen, was sie für richtig halte.

Der Beziehungsaufbau und der Identitätsaufbau werden tendenziell eher verhindert. Die Bedrohung der mütterlichen Identität, der tiefe Einschnitt in diese wird eher ignoriert. Es wird nicht darauf geachtet, daß Mutter und Kind in Beziehung zueinander treten und daß es für Mutter und Kind der

Erfahrung bedarf, es sich miteinander gutgehen lassen zu können. Mütter werden noch allzu häufig als Adressatinnen für Therapieanweisungen begriffen. Diese Eingriffe in das Erleben der Mütter können oft von diesen nicht zurückgewiesen werden, da sie auf Heilung hoffen und ihre Emotionen weitgehend abgespalten sind, weshalb sie ihr Kind eher unter professionell therapeutischen Gesichtspunkten »neutral« betrachten.

Die Therapiegläubigkeit und das Vertrauen in die Machbarkeit der Medizin unterstützen diese Nicht-Wahrnehmung und die Suche nach dem, was bedroht erscheint und verlorenging.

Bei der Beschreibung des Verlusterlebens (Kap. 3) habe ich schon auf ärztliche Gutachten hingewiesen, in denen additiv sämtliche Therapien angeraten werden, als ob die Menge der Therapien eine Heilung herbeiführen könnte. Ich empfinde diese ärztlichen Anordnungen als rücksichtslos und meine, daß ÄrztInnen, aber auch TherapeutInnen und PädagogInnen, die dieses technokratische Verständnis von Förderung vertreten, Mißbrauch mit den Gefühlen der Mütter betreiben. In der Beratung habe ich oft Mütter erlebt, die diese Summe der Therapie einforderten, bereit waren, alles zu tun. In der Institution, in der ich arbeitete, vertraten wir ein anderes, ein interaktionsorientiertes Konzept. Wenn ich in der Beratung versuchte, darauf aufmerksam zu machen, daß die Summe der Therapien für die Mütter und für die Kinder katastrophal überfordernd sei, kam es durchaus zu Therapie- und Beratungsabbrüchen und einer wütenden Entwertung der Institution, weil wir »zu wenig tun«.

Frau H. erzählte glücklich, daß sie nach vielen Bemühungen endlich einen Termin für sich und ihren Sohn bei einer Kapazität bekommen habe, einem Arzt, der sich auf diese Form der Behinderung spezialisiert habe. Sie verspreche sich sehr viel davon. Als sie nach diesem Besuch bei Professor X. wieder zur Beratung kam, war sie empört und enttäuscht zugleich. Sie habe sehr lange warten müssen. Ihr Sohn sei immer unruhiger geworden. Dann sei der Herr Professor gekommen, habe einen kurzen Blick auf ihren Sohn geworfen, sie gefragt, was sie mit ihm mache. Sie habe es ihm erzählt. Daraufhin habe er gesagt, daß sie mit dem, was sie tue, weitermachen solle. Zusätzlich sei noch Beschäftigungstherapie angebracht, da ihr Sohn sehr unkonzentriert sei. Dann habe er ihr die Hand geschüttelt und sei gegangen. Die Empörung von Frau H. rührte aus dieser Behandlung durch den Arzt und seiner, wie sie es nannte, »Schnellblick-Diagnose« bei ihrem Sohn, der tatsächlich nach der langen Wartezeit höchst unkonzentriert war. Sie war aber auch enttäuscht, daß der Arzt ihr nichts nennen konnte, was ihren Sohn heilen könnte. Aber sie gebe die Hoffnung noch nicht auf, sagte sie. Sie überlege sich, ob sie nicht noch eine andere Kapazität konsultieren werde.

Fast alle Mütter berichten in der Beratung davon, daß sie jeden erdenklichen Versuch unternommen haben, um die Heilung ihres Kindes zu erreichen. Klinikaufenthalte, Cortisonkuren, Außenseitermethoden wie das Doman-Delacato-Programm und Fußreflexzonenmassage oder Frischzellentherapie werden ausprobiert, ebenso wie die Kräuterfrau im nächsten Dorf oder ärztliche Kapazitäten im Ausland. All diese Anstrengungen sind für die Mütter sinnvoll und weisen darauf hin, wie groß und unannehmbar der Verlust ist.

Die Mütter schwanken zwischen der Hoffnung, der Verlust sei reversibel, und der Furcht, die Katastrophe könne hereinbrechen. Sie tun alles, um ihr Kind zu heilen. Die Auswirkungen auf die mütterliche Identität sind jedoch bereits gravierend.

Entwicklungen des Kindes werden zu Erfolgen der Mütter, fehlende Entwicklung wird zu ihrem Mißerfolg und zur weiteren Beschädigung der mütterlichen Identität.

Frau M. sagte, daß sie sich wie eine Versagerin vorkomme, da sich ihre Tochter nicht so schnell entwickle. Dabei tue sie alles für sie. Sie übe mit ihr jeden Tag, denke sich Spiele aus, in die sie Förderung und Therapie einbaue, damit es ihr Spaß mache. Wenn ihre Tochter Fortschritte mache, sei sie stolz und glücklich. Nur in der letzten Zeit verweigere ihre Tochter zunehmend und wolle nicht mehr mitmachen. Sie könne das gar nicht verstehen, da sie doch immer so stolz gewesen sei, abends dem Vater das vorzuführen, was sie tagsüber gelernt habe. Als ich Frau M. fragte, ob sie selbst oder ihre Tochter darauf stolz gewesen sei, schaute sie mich irritiert an und antwortete, daß selbstverständlich ihre Tochter stolz gewesen sei. Sie selbst habe natürlich auch ein gutes Gefühl gehabt, daß sich die ganze Arbeit lohne. Sie sei auch stolz auf sich selbst. Wenn sie sich an die schlechten Prognosen der Ärzte erinnere, dann habe sie auch allen Grund, stolz zu sein. Denn ihre Tochter habe sich trotz ihres Herzfehlers prächtig entwickelt. Sie sei heute der Star der Familie und könne für ihr Alter und ihre Behinderung unwahrscheinlich viel. Die ganze Mühe habe sich wirklich gelohnt. Nur daß ihre Tochter im Moment verweigere, mache ihr Sorgen, aber vielleicht müsse sie sich eben nur etwas Neues einfallen lassen, vielleicht gingen ihr ja die Ideen aus. Ich könne ihr doch sicherlich ein paar Ideen nennen oder ihr Bücher empfehlen, in denen sie neue Anregungen finden könne. Meine Frage, ob ihre, wie sie es nenne, Ideenlosigkeit nicht auch ein Zeichen der Müdigkeit sein könne oder vielleicht in ihr der Zweifel sei, ob die Förderung ihrer Tochter tatsächlich nützlich sei, wehrte sie zunächst ab. Dann brach sie plötzlich in Tränen aus und bestätigte, daß sie nicht mehr könne und daß sie sich »wie ein Kasper« vorkomme, wenn sie ständig versuche, ihre Tochter zu motivieren. Aber sie habe das Gefühl, nur eine »gute« Mutter zu sein, wenn sie all diese Anstrengungen auf sich nehme.

An Frau M.s Erfahrung wird sichtbar, wie schwer und belastend der Prozeß der Wahrnehmung ist. Indem ihre Tochter zum Star der Familie wird, kann die Kränkung durch die Behinderung und die Unterschiedlichkeit ihrer Tochter geleugnet werden. Das alles aber erfordert den massiven Einsatz und die vermehrten Anstrengungen von Frau M., die sich dadurch erhofft, ihre Identität als »gute« Mutter zu retten. Es war für Frau M. wichtig, noch Jahre darauf zu bestehen, daß ihre Tochter sich nur durch ihre Arbeit so »gut« entwickelt habe, bis sie mir nach langer Zeit und vielen konflikthaften Prozessen sagte, daß in all den Jahren immer ein Zweifel an ihr genagt habe, der Zweifel, ob ihre Tochter sich nicht auch ohne sie und ihren Einsatz so entwickelt hätte. Sie bekam zu dem Zeitpunkt ein Gefühl dafür, wie sehr sie ihre eigene Identität »retten« wollte, indem sie soviel mit ihrer Tochter arbeitete (vgl. Ende des Kap. 4).

Der Schwerpunkt des Verlusterlebens liegt in dieser Phase der Nicht-Wahrnehmung und Suche auf der kindzentrierten

Ebene. Die identitätszentrierte Ebene ragt aber bereits in das Verlusterleben hinein, steht jedoch häufig in der Wahrnehmung noch hinter dem kindzentrierten Verlust zurück. Mit der Akzeptanz der Fremdbestimmung ist die mütterliche Identität bereits massiv betroffen: Es findet unter Umständen eine Ambivalenzspaltung zwischen den »guten« professionellen »Müttern« und »schlechten« realen Müttern statt. Diese Aufspaltung kann auch mit anderen Menschen erlebt werden.

Die Mütter sprechen dann davon, daß das Kind in der Förderung so gut mitmache und so gerne zur Therapie gehe. Zu Hause sei das Kind dagegen anstrengend und launisch. Sie kämen eben mit ihm nicht zurecht, wüßten nicht mit ihm umzugehen. Auch die jeweiligen Partner könnten viel besser mit dem Kind spielen. Oder aber die Großeltern gingen so prächtig mit dem Kind um. Für manche Mütter wird gleichsam die ganze Welt zur »guten« Mutter. Sie selbst erleben sich als Versagerinnen und »schlechte« Mütter.

Eine Frau erzählte einmal davon, daß die Krankengymnastin ihr aufgetragen habe, zu Hause bestimmte Übungen mit ihrer Tochter zu machen. Doch zu Hause habe die Tochter nicht gewollt. Als sie mit der Krankengymnastin darüber sprach, habe diese gesagt, daß sie da wohl etwas falsch mache. Innerhalb kürzester Zeit habe die Krankengymnastin ihre Tochter motiviert, die Übungen zu machen. Die Krankengymnastin habe sie dann angestrahlt und gesagt: »Sehen Sie, so müssen Sie das machen!« Die Frau sagte, sie habe sich abgrundtief geschämt.

Es gibt in der Frühberatung eine Argumentationslinie, die besagt, daß die Mütter am Modell der PädagogInnen und TherapeutInnen lernen könnten, um eigenes »Fehlverhalten« mit dem Kind zu »korrigieren«. Ich meine, daß an den Gefühlen der oben genannten Frau der ganze Zynismus dieses »Lernens am Modell« deutlich wird. Die PädagogInnen und TherapeutInnen werden nach diesem methodischen Ansatz zu den »besseren Müttern«, was bei den realen Müttern zu Gefühlen von Scham, Schuld und Versagen führen kann.

Aus dem bisher Beschriebenen wird für den professionellen Bereich neben der Ambivalenzaufspaltung auch die von Milani-Comparetti genannte »perverse Allianz« deutlich. Es ist die Frage zu stellen, ob die »Geschäftigkeit wider den Verlust« nicht auch ein Problem der Medizin, der Therapie, der Heilpädagogik und deren Institutionen und letztendlich der handelnden Personen ist. Die Behinderung des Kindes wird zum »medizinischen« bzw. »heilpädagogischen Problem«. Es wird therapiert, gefördert, behandelt. Die Mütter werden nur unter dem Gesichtspunkt wahrgenommen, daß ihnen die »richtige« Behandlung, die »richtige« Förderung vermittelt werden muß, sie werden danach bewertet, ob sie auch »genug« fördern und therapieren.

Ich kenne aus vielen Diskussionen bei Fachtagungen im KollegInnenkreis diese offenen oder latenten Entwertungen der Mütter, verbunden mit professionellen Anforderungen. Mir fällt auch eine Therapeutin ein, die ihre Entwertung der Frauen noch nicht einmal merkt, wenn sie immer von den »Muttis« spricht.

Als ich auf einer Fachtagung einmal darauf bestand, den Müttern Raum und Zeit für den Ausdruck ihrer individuellen und subjektiven Erfahrungen und für die Expression ihres Erlebens zu geben, erwiderte mir eine Kollegin, daß sie meine Forderung nicht richtig finde, denn sie wolle »richtige Heilpädagogik« machen – was immer das auch sein mag. Angesichts einer solchen Aussage drängt sich mir das böse Wort von der »Unheilpädagogik« auf.

Der Fokus des Handelns ist so sehr auf das Kind gerichtet, daß die Lebenssituation der Mütter, ihre Gefühle und ihre Beziehung zum Kind weitestgehend ignoriert, manchmal sogar abgewertet werden. Die Mütter selbst werden als defizitär erlebt, als Frauen, die es selbst zu therapieren und zu fördern gilt, damit sie ihr Kind »besser« fördern können.

Die von mir schon eingangs des Kapitels beschriebene Selbstreflexion erscheint mir für die Professionellen der helfenden Berufe dringend geboten, und zwar im Bereich der eigenen Emotionen, die mit Mütterlichkeit verbunden werden. Die »Geschäftigkeit wider den Verlust« als Abwehrform wahrzunehmen bedeutet für die heilenden und helfenden Berufe auch, die Grenzen der Machbarkeit, die Grenzen der eigenen Omnipotenz zu erleben. MedizinerInnen, TherapeutInnen und PädagogInnen müssen sich die Frage nach ihrer eigenen Fähigkeit zu trauern stellen lassen.

Die Frage nach der Fähigkeit zu trauern ist auch an eine Gesellschaft zu richten, deren Trachten nicht an sozialer Integration der Menschen mit Behinderungen orientiert ist, sondern an deren »Reparatur« und Isolation.

Eine »soziale Trauer« hätte zur Folge, Unterschiedlichkeit und Andersartigkeit wahrzunehmen, dies als Realität anzuerkennen und ins gesellschaftliche Bewußtsein und in die sozialen Lebensvollzüge zu integrieren.

Es kann hier an dieser Stelle nur vermutet werden, daß diese spezifische Unfähigkeit zur »sozialen Trauer« durchaus auch ihre Wurzeln in der Nazivergangenheit bzw. in der ungenügenden Bewältigung dieser Zeit hat (vgl. Mitscherlich/ Mitscherlich 1973).

Nach meiner persönlichen Einschätzung stehen die Zeichen für diese soziale Trauer in der heutigen Zeit eher schlecht, auch wenn z. B. durch die Integrationsbewegung behutsame Ansätze zum Umdenken zu erkennen sind. Die vorsichtige Einschätzung dieser Bemühungen rührt unter anderem aus Fachdiskussionen her, in denen, wenn es um die Aufnahme behinderter Kinder in Regelkindergärten ging, gleich als erstes die Frage gestellt wurde: »Ist denn auch die Therapie gesichert?«

Diese Frage bedeutet für mich ein Festhalten an dem »Förderaktivismus«, an der »wilden Rehabilitation« und an der »perversen Allianz«, wie Milani-Comparetti sagt, nur eben unter Integrationsvorzeichen.

Die Erschütterung und Verunsicherung der Mütter ist unbeschreiblich groß. Sie geben ihre autonome Lebensplanung auf, haben kein Vertrauen in ihre mütterliche Kompetenz und gestalten das Leben ihres Kindes und damit ihr eigenes Leben weitgehend therapeutisch-pädagogisch durch die Übernahme professioneller Standards.

Gleichzeitig müssen Förderung, Therapie und Medizin entwertet werden, da die erhoffte Heilung des Kindes ausbleibt. Das drohende Gefühl der Selbstentwertung wird abgewehrt durch die Entwertung derer, die es nicht schaffen, das Kind heil, schön und gesund zu machen. Die Folge kann sein, daß immer wieder nach neuen TherapeutInnen und PädagogInnen gesucht wird, die die erhoffte Heilung herbeiführen sollen. Manche Mütter (und Väter) scheuen keine Mühen und keine Kosten, um die Hoffnung auf Heilung nicht aufzugeben.

Eine weitere Möglichkeit der Verdrängung kann auch sein, wenn Mütter behinderter Kinder nur noch Kontakte zu anderen Müttern behinderter Kinder haben, weil alle sonstigen Sozialkontakte abgebrochen sind. Diese Art der Gestaltung der Sozialbeziehungen muß nicht, kann aber einen Versuch darstellen, sich über Identifikation mit anderen der eigenen Trauer zu nähern. Wenn Mütter nur noch Kontakte zu Müttern (und Vätern) behinderter Kinder haben, kann dies eine Ausklammerung der Lebensrealität bedeuten, unter dem Deckmantel, daß sich Menschen mit dem gleichen Schicksal besonders gut verstehen. Immer nur behinderte Kinder zu erleben, läßt das eigene Kind »normaler« erscheinen, und die Unterschiedlichkeit, die es wahrzunehmen gilt, wird verschwommener bis unsichtbar. Die Trauer um den Verlust kann so abgespalten und verdrängt werden.

Die Frauen können ggf. als stark und sehr hilfsbereit erscheinen, verdecken aber eventuell ihre depressive Grundhaltung. In dieser Art der Abwehr spiegelt sich die mögliche Differenz zwischen innerer und äußerer Realität. Ein solcher Weg als vorübergehender Bewältigungsversuch kann sich unter Umständen für die Mütter als durchaus sinnvoll erweisen. Wenn aber die Trauer nicht zu irgendeinem Zeitpunkt in die eigene Verantwortung genommen und gelebt wird, kann dies bei den Müttern zu einem dauerhaften Gefühl der inneren Leere, der Depression, der Resignation und einer dauerhaften Störung der sozialen Beziehungen führen. In der Beratung sprechen die Frauen diesen Rückzug an, wenn sie sagen, daß sie nichtbehinderte Kinder nicht ertragen können und daß es Phasen gibt, in denen sie sich am liebsten gegen diese Realität abschotten möchten, um dem Schmerz zu entgehen.

Ich möchte mit dem Gesagten *nicht* gegen Elternselbsthilfegruppen und -verbände sprechen, sondern lediglich darauf aufmerksam machen, daß es gilt, im individuell psychosozialen Kontext die subjektive Bedeutung herauszuarbeiten.

Die »Geschäftigkeit wider den Verlust«, um das Kind zu heilen, und die vielfältigen Formen der Abwehr der Wahrnehmung belegen, wie überwältigend die Erfahrung für die

Mütter ist, ein behindertes Kind geboren zu haben und mit diesem leben zu müssen.

Aufbrechende chaotische Emotionen

Damit der individuelle Wahrnehmungsprozeß in Gang kommt und die Verzweiflung als der Lebenssituation angemessen anerkannt werden kann, muß jede denkbare Anstrengung unternommen worden sein, den Verlust rückgängig zu machen. Die Trauernden brauchen den Mut, sich gehen zu lassen, den Emotionen Raum zu geben, wobei sie Vertrauen in das eigene Ich und in die soziale Umwelt haben müssen, da sie nicht wissen, wo der Zusammenbruch endet und wohin er führt.

Diese Phase läßt sich allgemein wie folgt beschreiben:

Ohnmacht und Hilflosigkeit gewinnen im psychischen Erleben die Oberhand, und ein emotionales Chaos entsteht. Schmerz, Wut, Angst, Zorn, Schuldgefühle, feindliche Gefühle gegen die Umwelt, Gefühle der Sinnlosigkeit, tiefe Verzweiflung, Leid, Ohnmacht, innere Vereinsamung, fehlende Kontrolle, Depression, Gefühle der Demütigung und Wertlosigkeit, Minderung des Selbstgefühls und der Selbstachtung sowie eine grundlegende Erschütterung kennzeichnen diese Phase (vgl. Kast 1984; Spiegel ebd.; Bowlby 1983, 1982). Die Gefühle ändern sich ggf. sehr schnell. Die Reaktionen des trauernden Menschen wirken befremdend, da er die Kontrolle über sich verloren hat. Es kann von einem »kritischen Zeitraum« (Spiegel ebd., S. 68) gesprochen werden, da die Menschen wie krank erscheinen. Die Gefühle sind für den trauernden Menschen aber sinnvoll, um die Verlusterfahrung zu bewältigen.

Wut und Aggression sind wesentliche Merkmale der chaotischen Emotionen. Ihnen kommt kathartische Funktion zu (vgl. Schuchardt 1982), wenn sie in Handeln, in Entscheiden, Trennen und Loslassen umgesetzt werden können. Wut kann sich in direkter und indirekter Form äußern. Aufgrund von Schuldgefühlen können Wut und Aggression vermieden werden, Schuldgefühle können aber auch abgewehrte Aggressionen sein.

Weitere wichtige Emotionen sind Ambivalenzgefühle und Angst in verschiedenen Ausprägungen (vgl. Jonas 1990).

Für die Mütter der behinderten Kinder bedeutet die Phase der aufbrechenden chaotischen Emotionen, daß nach den Versuchen, den Verlust über die »Heilung« des Kindes ungeschehen zu machen, und den Versuchen, die drängenden chaotischen Emotionen abzuwehren, die Mütter die Behinderung und den damit verbundenen Verlust zunehmend wahrnehmen. Immer wieder werden Wahrnehmung und aufbrechende Emotionen von Phasen der Hoffnung, von vervielfachter therapeutischer Anstrengung, von der Suche nach Wundertherapien und WundertherapeutInnen unterbrochen. D. h., die Wahrnehmung setzt in Wellen ein, wird wieder zurückgedrängt, und es wird immer wieder in der Realität überprüft, inwieweit sich die Emotionen aushalten lassen. Die Gefühle von Erschütterung und Schmerz, von Hilflosigkeit und tiefer Verzweiflung brechen durch. In der Beratung sprechen die Mütter davon, daß ihnen alles zuviel wird, daß sie keine Energie mehr haben. Sie benennen Gefühle der Sinnlosigkeit, sagen, daß alles nichts nützt. Es sind Gefühle des inneren Zerriebenwerdens durch die Wucht der Emotionen, denen gegenüber sie sich preisgegeben fühlen. Gleichzeitig empfinden sie es als Spannung, daß das Leben in seiner Alltäglichkeit weitergeht. Die Mütter kennen Gefühle von Neid, Eifersucht gegenüber Müttern nichtbehinderter Kinder. Zeitweise oder auch dauerhaft ziehen sie sich in die Isolation zurück, brechen Förderung und Therapie ab. Therapieabbrüche haben zusätzlich die Funktion, sich der sozialen Kontrolle zu entziehen und den chaotischen Emotionen freien Lauf zu lassen. Dieser Rückzug auf sich selbst kann zur Vernachlässigung der sozialen Kontakte führen und dazu, daß soziale und emotionale Ressourcen nicht mehr erkannt oder entwertet werden. Es herrscht das Gefühl vor, daß alles sinnlos, alles vergebens ist.

Die Behinderung des Kindes wird schmerzhaft in der Bedeutung für die eigene Person erlebt. Das Selbstgefühl und die Selbstachtung sind gemindert. Die Mütter erleben sich gedemütigt in bezug auf andere und beziehen ihr Selbstwertgefühl fast ausschließlich aus der Sorge um und Verantwortung für das behinderte Kind.

In den Erfahrungen von Frau M. kommt diese Selbstentwertung deutlich zum Ausdruck. Sie fühlt sich als »Versagerin«, weil ihre Tochter sich nicht so schnell entwickelt. Frau M. investiert ihre ganze Phantasie, Kreativität, Energie und Zeit in die Förderung ihrer Tochter und versucht so, ihr Selbstwertgefühl zu stabilisieren. Dies ist jedoch ein sehr labiles Gleichgewicht, da sie vom Mitmachen ihrer Tochter und von ihren Entwicklungsschritten abhängig wird.

Es gibt Mütter, die mir berichteten, daß sie mit ihren Kindern nicht mehr auf Kinderspielplätze gehen, da sie die neugierigen Blicke, die Fragen und das Mitleid nicht ertragen, und daß sie es nicht aushalten, wenn andere Frauen sich erzählen, wie prächtig ihre Kinder sind, und sie selbst nichts dazu beitragen können, da ihr Kind »kein Kind zum Vorzeigen« (vgl. Häusler 1980) ist. Für mich kommt in solchen Aussagen zum Ausdruck, daß die Mütter selbst im Kreis anderer Mütter ihr »Heimatrecht« verloren haben und eine tiefe Verwundung ihrer Identität empfinden.

Der Wunsch nach Heilung des Kindes wird zunehmend aufgegeben. Das Selbstwertgefühl ist destabilisiert.

Die Mütter erleben schmerzhaft die Erinnerung an das verletzte, »behinderte« kleine Mädchen in sich ohne Identifikationsmöglichkeit mit den heilen Seiten. Die Abwehr der Identifikation mit der eigenen verletzten Kindheit wird als schuldhaft empfunden, da sie mit der Abwehr des realen Kindes gleichgesetzt wird.

Die Konfrontation mit der eigenen verletzten Kindheit, den eigenen beschädigenden Erfahrungen ihres Lebens wird von den Frauen in den Beratungsgesprächen thematisiert. Es ist, als ob durch die Behinderung diese Verletzungen aufgerissen würden und sichtbar werden wollen. In der Beratungsarbeit kommt das von mir ausgeführte Pendeln zwischen »thematischem« und »szenischem Verstehen« zum Tragen (vgl. Kap. 1). Das Thema Behinderung reaktiviert desymbolisierte, verdrängte Inhalte früherer traumatischer Erfahrungen, die es im Lebenskontext der Frauen zu begreifen gilt und die von den Müttern über die Bedeutung der Behinderung zum Ausdruck gebracht werden.

Die Themen der Verletzungen der Frauen, denen ich im Laufe der Jahre begegnet bin, sind vielfältig:

- sexueller Mißbrauch durch den Vater oder andere nahe Angehörige,
- Mißhandlungen in der eigenen Kindheit,
- Heimaufenthalte,
- eigene Behinderungen der Frauen und damit verbunden das Leid und die Demütigungen z. B. wegen des Sonderschulbesuches,
- Alkoholismus, psychische Erkrankung, Scheidung oder Behinderungen in der Herkunftsfamilie,
- Tod eines Elternteils, Suizid eines Elternteils,
- Konflikte in der Jugendzeit: Eß-/Magersucht, eigene Suizidversuche, erzwungene Freigabe eines Kindes zur Adoption,
- Ausbruch einer eigenen psychischen Erkrankung mit entsprechender Psychiatrisierung.

Dazu kommen die »alltäglichen« Erfahrungen der Entwertung durch die eigenen Mütter, Deformationen durch eine rigide religiöse Erziehung, der Haß der Schwiegermütter, die sinnlich nicht erfahrbaren Väter, eine Erfahrung, die sich fortsetzt in den selten anwesenden Partnern, Eheprobleme usw., usw.

Mich haben die beschädigenden Erfahrungen der Frauen tief erschüttert, und zwar gerade deshalb, weil diese Verletzungen so »normal« sind für Frauen, also geschlechtsspezifisch sind. Es mutet an, als ob die Behinderung des Kindes das »Faß« zum Überlaufen bringt.

Ich habe in der Beratung immer die Möglichkeit gesehen, daß die verletzten Seiten der Frauen zur Sprache kommen können, um die Frauen als eigenständige Personen wahrzunehmen, ihnen den Raum zu geben, ihrem Erleben Ausdruck zu verleihen, und um den Frauen und ihren Lebenserfahrungen Wert und Anerkennung zu geben.

Wenn den Frauen der Raum für diese Ausdrucksmöglichkeit nicht gegeben wird, sehe ich die Gefahr, daß sie eine weitere Beschädigung erleiden, aber vor allen Dingen befürchte ich, daß die Mütter in dem Dilemma bleiben, die Identifikation mit der eigenen verletzten Kindheit und den verletzenden Lebenserfahrungen mit dem realen Kind gleichzusetzen. Die Abwehr des inneren verletzten kleinen Mädchens wird zur Abwehr des realen Kindes und wird als schuldhaft erlebt.

Ich gehe nicht davon aus, daß die Mütter, wenn sie sich um ihre eigene verletzte Kindheit emotional kümmern, dann ihre Kinder lieben müssen. Vielmehr geht es darum, daß die Frauen ihren Handlungsspielraum erweitern und differenziert prüfen können, was in der jeweiligen Situation zu ihren eigenen deformierenden Erfahrungen, zu ihrer sozialen Situation und was zur Person des Kindes gehört.

Vielleicht wird jetzt eingewendet, daß dies einer therapeutischen Arbeit bedarf und daß somit die Frauen selbst pathologisiert werden. Für einzelne Frauen ist es sicherlich wichtig, vertieft therapeutisch an sich zu arbeiten. Aber ich warne davor, Mütter behinderter Kinder alle als therapiebedürftig zu erklären, und zwar aus folgenden Gründen: Deformierende Lebenserfahrungen sind Erfahrungen aller Menschen aufgrund deformierender gesellschaftlicher Bedingungen (vgl. Lorenzer 1974). Das kann vor allen Dingen für Frauen in einer patriarchalen Gesellschaft angenommen werden (vgl. Kap. 2). Die Qualität der Deformation gilt es als individuell unterschiedlich zu begreifen. Das bedeutet, daß Mütter behinderter Kinder mit ihren beschädigten Persönlichkeitsanteilen nicht soweit entfernt sind von anderen Menschen, auch nicht von den Professionellen, d. h., Mütter behinderter Kinder sind nicht »besonders« beschädigt. Durch die Behinderung des Kindes können die traumatischen Lebenserfahrungen der Mütter ganz unmittelbar wieder zur Sprache kommen. Damit besteht die Chance, auch wenn es wegen der Behinderung des Kindes eine schmerzhafte ist, daß die verletzten Seiten der Mütter sichtbar werden und in die Interaktion z. B. in der Beratung einfließen und somit im Dialog für die Mütter erneut erfahrbar werden. Das setzt aber wiederum voraus, daß den Müttern Gelegenheit, Zeit und Raum gegeben werden, diese Erfahrungen zu äußern.

Insofern werden Mütter nicht pathologisiert, sondern als eigenständige Personen mit ihrer eigenen Lebensgeschichte, ihrer eigenen verletzten Kindheit wahrgenommen.

Die als gestört empfundene Identifikation mit dem Kind kann noch andere Auswirkungen haben. Die für die Stabilisierung der partnerschaftlichen Gemeinschaft notwendige Korrektur bzw. Wiederherstellung der eigenen frühen Mutter-Kind-Beziehung kann nicht erfolgen. Die durch das Kind erhofften emotionalen Qualitäten, die eine kompensierende Funktion für die eventuell als unzulänglich erlebte Partnerschaft haben sollen, werden nicht erlebt. Zwischen Mutter und Kind hat sich gleichsam die Behinderung geschoben. Die erhoffte Symbiose ist gestört. Diese Kränkung wird häufig indirekt durch den Wunsch nach einem weiteren Sohn oder einer weiteren Tochter kompensiert. Die Mütter können sehr enttäuscht sein, wenn das Kind dann nicht das erhoffte Geschlecht hat. Dies bedeutet für die Mütter erneut eine zerstörte Hoffnung.

Die Geschlechtsspezifik der Tochter/des Sohnes kann aber auch aufgegeben werden. Das Kind wird dann zum »ewigen Säugling/Kleinkind«. Der Verlust durch die Behinderung ist für solche Frauen so überwältigend, daß der Versuch gemacht wird, diesen zu kompensieren, indem sie aufgrund der Angewiesenheit des Kindes in einer dauerhaften Mutter-Kind-Dyade leben. Die Identifikation erfolgt dann auf der geschlechtsneutralen Ebene mit dem dauerhaft schutzbedürftigen Säugling oder Kleinkind. Das kann zur Folge haben, daß eventuell mögliche Entwicklungsschritte des Kindes verhindert werden, die das Kind selbständiger werden ließen. Sicherlich hat es aber zur Folge, daß diese Mütter eine autonome Lebensplanung aufgeben, sich als Einheit mit dem Kind erleben und ggf. die Partner aus der Beziehung drängen. Die Partner werden aus der Verantwortung für das Kind entlassen und eventuell überflüssig. Daß dies zu schweren Belastungen der Partnerschaft bis hin zur Trennung führen kann, ist einsichtig.

Diese Überidentifikation mit dem Kind und das Herausdrängen des Partners kann von den Müttern als eine scheinbar befriedigende Lebenssituation empfunden werden, da sie ganz in ihren Kindern aufgehen. Der Verlust liegt im Bereich der autonomen Lebensplanung, der gelebten partnerschaftlichen Gemeinschaft, der eigenen Sexualität. Wenn diese Frauen ihre Partnerschaft beschreiben, sind sie oft voller Haß und Verachtung für ihre Partner. Einige Frauen äußern auch direkt, daß das Kind das »einzige ist, was ihnen bleibt«. Weitere Kinder gehen aus dem Haus, ihren Partner lehnen sie ab, aber das behinderte Kind kann ihnen »keiner wegnehmen«. Vom Leben und für sich verlangen sie nichts mehr. Mit ihrer zerstörten Partnerschaft haben sie sich »abgefunden«. Meist hat die sexuelle Beziehung aufgehört und wird nicht vermißt. Der zentrale Lebensmittelpunkt ist das Kind, für das sie alles tun. Der Partner erhält den Stellenwert, zuweilen ein preiswerter Babysitter zu sein.

Diese Mütter geben sich als Frauen auf, um vermeintlich zu »idealen Müttern« zu werden. Die Angewiesenheit des Kindes ist dann zu einer Angewiesenheit der Mutter auf das Kind geworden. Die über die Zeit hinaus erhaltene Mutter-Kind-Dyade verhindert eine Weiterentwicklung der Mütter. Wenn die Kinder diese Bedeutung bekommen, spalten die Mütter Gefühle ab, entwerten die Partner und setzen das Kind gegen diese ein. Einerseits wird geklagt, daß er zu wenig tue, andererseits wird ihm vorgeworfen, daß er alles falsch mache. Ursache dieser Entwicklung können beispielsweise Rachegefühle für unerfüllte Beziehungsphantasien zum Partner sein, aber auch Minderwertigkeitsgefühle in der Partnerschaft, die nun in der Phantasie kompensiert werden können, indem die Frau zur »idealen Mutter« wird.

In der Beratung ist sorgfältig herauszuarbeiten, welche Motive hinter dieser Überidentifikation mit dem Kind liegen, ob die Partnerschaft vor der Geburt des Kindes bereits konflikthaft war, so daß sich die Konflikte nun verdichten, ob die Verlusterfahrung die Mütter zu überwältigen droht oder ob andere Motive von Bedeutung sind. So könnten beispielsweise auch verdrängte Todeswünsche gegen das Kind, abgewehrte Aggressionen sowie geleugnete Wut und nicht eingestandener Haß auf das Kind den Hintergrund bilden. Um diese Gefühle nicht zuzulassen und zu verantworten, wird die Beziehung ins Gegenteil verkehrt und idealisiert. Die Idealisierung erhält dann die Bedeutung, ein Schutzwall gegen die drängenden, als destruktiv erlebten Impulse zu werden.

Der persönliche Mythos der Mütterlichkeit bleibt gewahrt, und Schuldgefühle können eingedämmt werden. Das Gefühl der Ganzheit wird durch die Hingabe und Pflege und Fürsorge im Sinne einer Als-ob-Ganzheit wiederhergestellt. Wut und Aggression der Mütter richten sich dann gegen Außenstehende wie Partner oder TherapeutInnen und PädagogInnen, die diese Als-ob-Ganzheit in Frage stellen.

Da Wut und Aggressionen unabdingbar zum Trauerprozeß gehören, ist es notwendig, daß diese Gefühle ausgedrückt werden. Dies ist für die Mütter ein schwieriger emotionaler Prozeß, da sie aufgrund ihrer frauenspezifischen Sozialisation und im Sinne des verinnerlichten Ideals der Mütterlichkeit Wut, Haß und Aggression oftmals nur schwer zur Sprache bringen können.

Wie wichtig Wut und Aggressionen sind, wurde mir ausdrücklich von einer Mutter bestätigt, mit der ich über meine theoretische Arbeit sprach. Sie schaute mich an und sagte eindringlich: »Sie müssen über die Wut schreiben. Die Wut darf nicht fehlen. Die Wut muß spürbar sein. Wut auf alles und auf jeden. Ich bin vor Wut manchmal geplatzt. Nur mit der Wut läßt sich etwas verändern!«

Es ist möglich, daß die Mütter sich Wut und Aggressionen als außengerichtete Emotionen verbieten und sie gegen sich selbst wenden, so daß diese Gefühle ihren Ausdruck in Depression finden. Die Mütter erleben sich in der Opferrolle, fügen sich in ihr Schicksal und geben ihre Lebensmöglichkeiten auf. Die sich selbst nicht gestatteten Aggressionen verstärken ein Gefühl der Hilflosigkeit. Die Mütter können sich nicht oder nur schlecht ausufernden therapeutischen Ansprüchen oder zweifelhaften medizinischen Maßnahmen sowie massiven Eingriffen in ihre Lebensgestaltung widersetzen. Die Entschiedenheit und Abgrenzungsfähigkeit durch Aggression gehen verloren. Oftmals bleibt ihnen ein Rest an passivem Widerstand, indem sie nicht tun, was ihnen aufgetragen wird, ohne dies jedoch offenzulegen. Dieser passive Widerstand ist aber stets verbunden mit einem schlechten Gewissen und Schuldgefühlen.

Den passiven Widerstand beschreibt Frau R. in der Beratung. Sie fragte einmal, ob sie mit ihrem Sohn nichts »üben« müsse. Ich spürte eine verdeckte Aggression in dieser Frage und hatte gleichzeitig das Gefühl, »getestet« zu werden und daß mir Frau R. etwas mitteilen wollte. Ich fragte sie, wieso sie glaube, mit ihrem Sohn üben zu müssen. Sie antwortete kurz und scharf, daß alle ihr doch immer sagen würden, daß sie mit ihrem Sohn üben müsse, und dann wäre es nicht normal, wenn ich das nicht sagen würde. Frau R. berichtete dann, daß sie sich nicht wehren könne, da sie manchmal das, was ihr gesagt würde, nicht verstehen könne. Sie könne sich eben auch nicht so ausdrücken. Sie habe gleich nach der Geburt dem Doktor gesagt, daß mit ihrem Sohn etwas nicht stimme. Da habe der sie abgewimmelt und geantwortet, das würde noch alles. Irgendwann habe der Doktor dann auch festgestellt, daß mit ihrem Sohn etwas nicht in Ordnung sei. Er habe sie zur Krankengymnastik geschickt und in eine Klinik zur Untersuchung. Die Krankengymnastin habe ihr gesagt, sie müsse viermal täglich mit ihrem Sohn üben. Das könne sie aber nicht. Ihr Sohn würde so viel schreien. Zuerst habe sie das der Krankengymnastin auch noch gesagt. Die habe aber geantwortet, daß sie es tun müsse. Daraufhin habe sie ihr nichts mehr erzählt und immer nur gesagt, daß sie alles tue. Der Doktor in der Klinik habe auch gesagt, sie müsse üben. Da sei sie aber schon klüger gewesen. Dem habe sie erzählt, daß sie mit ihrem Sohn übe. Da habe er nichts mehr gesagt. Sie könne sich einfach nicht wehren. Alle sagten ihr, was sie tun müsse. Sie sage »Ja, ja«, dann habe sie wenigstens ihre Ruhe, denn im Grunde könne sie nicht mehr, und es sei doch alles sinnlos. Sie müsse eben damit fertig werden, daß ihr Sohn behindert sei.

Es blitzte einmal so etwas wie ein triumphierendes Lächeln in ihrem Gesicht auf, als sie meinte, daß der Doktor und die Ärzte in der Klinik und die Krankengymnastin auch »nicht so klug« sein könnten, wenn sie nicht einmal merkten, daß sie nicht mit ihrem Sohn übe.

Wut und Haß können vielfältig ausgedrückt werden. Eine mögliche Form ist es, die Wut indirekt personalisiert gegen andere Menschen zu äußern, z. B. gegen TherapeutInnen und PädagogInnen. Diese werden angeklagt, nicht genug für das Kind getan oder wichtige Zeit versäumt zu haben. Sie werden entwertet, um eigene Gefühle des Unwertes abzuwehren.

Ich möchte aber betonen, daß es durchaus inkompetente TherapeutInnen und PädagogInnen gibt oder daß die Beziehung zu den Müttern auch von professioneller Seite aus scheitern kann. Nicht jede Kritik der Mütter ist indirekt geäußerte Wut, sondern sie kann einen realen Hintergrund haben.

In der Beratungsbeziehung kann diese Abwertung massive Folgen haben. Die Wahrnehmung der Mütter ist selektiv, komplexe Zusammenhänge werden vereinfacht, um daraus die Abwertung der anderen Person aufzubauen.

Wut richtet sich auch gegen ÄrztInnen, wenn Geburtsfehler vorliegen oder wenn das Kind durch Behandlungsfehler behindert wurde. Diese Wut auf Außenstehende vermindert die eigenen Schuldgefühle. Die Projektion in den oder die Schuldige verringert die eigene Ohnmacht angesichts der Behinderung.

Die Wut kann sich auch direkt gegen das behinderte Kind richten. Es wird zum Sündenbock oder zur Rechtfertigung für die eigene verfehlte Lebensplanung, dafür, was Mütter ihrem eigenen Leben schuldig geblieben sind. Die Wut auf die Abhängigkeit des Kindes hat eine Spannbreite von subtiler Vernachlässigung bis hin zu Todesphantasien.

Wut und Aggression gegen Außenstehende können die hilfreiche Funktion haben, den Aufbau der mütterlichen Identität, die durch Fremdbestimmung verlorenging, einzuleiten, so daß die Mütter sich selbst als kompetent für ihr Kind begreifen. Wut auf das Kind kann die Auseinandersetzung mit der eigenen Ohnmacht einleiten und eine Abgrenzung gegen das kindzentrierte Verlusterleben ermöglichen, indem die Vergeblichkeit erkannt wird, das reale Kind dem idealen angleichen zu wollen.

Nachdem Frau R. erstmals ihre passive Verweigerung gegen Ansprüche in der Beratung ins Gespräch gebracht hatte, konnten wir ihre Wut und Aggression über längere Zeit thematisieren. Sie erlebte in der Beratung, daß ihr tatsächlich nicht die Worte fehlten, um sich durchzusetzen, daß sie vielmehr aus ihrer Kompetenz für ihre eigene Lebenssituation und ihrer Kompetenz für ihren Sohn sich durchaus wehren konnte. Sie meinte einmal nachdenklich, daß es ja im Grunde ausreiche, wenn sie sage, daß sie das nicht wolle. Es gelang ihr, die Thematisierung der Wut aktiv umzusetzen, indem sie dem Arzt und der Krankengymnastin offen sagte, daß sie eine andere Behandlungsmethode mit ihrem Sohn ausprobieren wolle, da sie mit der bisher praktizierten Methode Schwierigkeiten habe. Bis zu diesem Schritt thematisierte sie in der Beratung nicht nur ihre Wut, sondern auch ihre Schuldgefühle, ihre Angst, etwas falsch zu machen, ihre Autoritätsängste, ihre Verunsicherung und daß sie im Grunde das Gefühl hatte, ihren Sohn abzulehnen, da sie mit seiner Behinderung, so wie sie sagte, »nicht zurechtkäme«.

Die indirekte Wut auf Fachleute war auch Thema von Frau H. Sie besuchte mit ihrem Sohn noch die zweite Kapazität. Wieder kam sie enttäuscht zurück. Sie war wütend auf diese Fachleute, die ihr auch nicht helfen konnten. Sie fühlte sich miserabel behandelt und abgefertigt. »Und das sollen Experten sein!« schimpfte sie. Ihr Zorn und ihre Wut auf die beiden Kapazitäten und ihre Enttäuschung bestimmten einige Zeit die Beratung.

Frau M. konnte ihre Wut auf ihre Tochter direkter ins Gespräch bringen. Die Motivationsversuche von Frau M. mußten immer ausgetüftelter werden, da ihre Tochter zunehmend verweigerte. Frau M. fühlte sich zunächst als Versagerin. Doch dann gelang es ihr zunehmend, ihre Wut und Aggression auf ihre Tochter zu fühlen. Frau M. empfand sich von dieser Aggression und Wut zeitweise regelrecht überschwemmt, versuchte, diese Gefühle immer wieder zu unterdrücken. Durch ihre Verweigerung setzte die Tochter der grenzenlosen Aufopferung der Mutter Grenzen. Die Situation zwischen Mutter und Tochter wurde sehr konflikthaft. Die Tochter warf alles weg, lief nur noch unruhig in der Wohnung hin und her, und Frau M. schrie ihre Tochter fast nur noch an. Wenn sie sich ihrer Wut hilflos ausgeliefert fühlte, empfand sie es als einzige Möglichkeit, wegzugehen und ihre Tochter bei ihrem Mann oder den Großeltern zu lassen. Das Bild der Tochter begann sich zu wandeln. Sie drohte vom Star der Familie zum Sündenbock zu werden.

Wut, Haß und Aggressionen stehen im Dienste der Realitätswahrnehmung. Das Kind kann zunehmend in seiner Unterschiedlichkeit und Realität gesehen werden.

So kann erlebt werden, daß die Brücke der Kommunikation zwischen einem behinderten Kind und der Mutter bzw. der Umwelt oft sehr schmal ist, daß das Kind in seiner eigenen Welt lebt, die nicht besser und nicht schlechter ist als eine andere Welt, nur eben unterschiedlich. Es kann gesehen werden, daß es nicht darauf ankommt, das Kind der scheinbaren Normalität anzupassen, sondern daß es wichtig ist, ein schwerstbehindertes Kind nicht der Verlorenheit seiner ihm eigenen Welt preiszugeben, indem sich ihm niemand mehr zuwendet.

Die Wut des Trauerprozesses ist von der Wut zu unterscheiden, die aus der sozialen Isolation und Abhängigkeit der Frauen entsteht. Die Mütter empfinden Bedürfnisse nach kognitivem und emotionalem Austausch, die sie sich in ihrer relativ isolierten Hausfrauen- und Mutterrolle nicht erfüllen können. Der hohe Versorgungsaufwand verschärft die isolierte Situation, da hierdurch die Möglichkeiten zu selbstbestimmter Tätigkeit noch eingeschränkter sind. Das bedeutet, daß die Mütter fast ausweglos ihre Abhängigkeit spüren, ausweglos deshalb, weil sie nur geringe oder keine Hoffnung auf eine autonomere Entwicklung des Kindes haben, durch die sie ebenfalls Freiräume für ihre eigene autonome Entwicklung realisieren könnten.

Die Wut auf diese Lebenssituation kann projektiv im Kind personalisiert werden. Das Kind wird zum Sündenbock, zum Übel, das das Leben der Mütter verdirbt.

Die Verquickung zwischen der Wut des Trauerprozesses und der Wut aus der abhängigen und isolierten Lebenssituation können zu einer dauerhaften Verfestigung der Wut auf das Kind führen. Die kathartische Wut des Trauerprozesses wird gegebenenfalls überlagert von der projektiven Wut auf das Kind, und zwar dann, wenn die Mütter keine Handlungsmöglichkeit sehen, ihre Lebenssituation zufriedenstellend zu verändern.

Wenn in der Beratungssituation diese Differenzierung der Wut nicht vorgenommen wird, führt dies meines Erachtens dazu, daß soziale Bedingungen und die Privatisierung der Mutterschaft psychologisiert werden. Mit den Müttern wird dann an der Beziehung zum Kind »gearbeitet«, statt die Lebenswirklichkeit der Frauen zu begreifen und daran zu arbeiten. Dies erscheint mir wichtig zu betonen. Die deformierenden gesellschaftlichen Bedingungen für Mütter müssen hier im Sinne Lorenzers (1974) punktuell zur Diskussion gestellt werden, um sich nicht in eingefahrenen Problematisierungsansätzen im Kreis zu drehen. Wenn dies nicht geschieht, wird eine Beratung sowohl für die BeraterInnen als auch für die Mütter unbefriedigend bleiben und zu Insuffizienzgefühlen auf beiden Seiten führen, da der verengte psychologisierende Blick auf die Beziehung zum Kind die Möglichkeiten der veränderten Lebenspraxis der Frauen einschränkt.

Die Wut aus dem Trauerprozeß und die Wut aus der abhängigen isolierten Situation werden unter Umständen nicht zugelassen, da sich die Mütter wegen ihrer Wut schuldig fühlen. Schuldgefühle sind aber nicht nur Merkmal der Aggressionsabwehr, sondern sind integraler Bestandteil der verinnerlichten idealen Mutterqualitäten, was sich ausdrückt durch dauerhafte Gefühle, wie z. B. zu versagen, nicht genug zu tun, egoistisch zu sein usw.

Diese Schuldgefühle können um so leichter ausgebeutet werden, je tiefer diese Ansprüche verinnerlicht sind und je mehr die Umwelt auf die Einlösung dieser Idealanforderungen drängt. Diese Anforderungen verschärfen sich zusätzlich, da die Mütter Therapie und Förderung zu übernehmen haben, was von ihnen als ihre persönliche Arbeit über die Ausbildung eines entsprechenden »therapeutischen Über-Ichs« verinnerlicht wird. Bedürfnisse nach autonomer Lebensplanung, nach der eigenen Identität als Frau (also unabhängig vom Kind), nach sozialer Integration stehen als schuldhaft empfunden gegen die äußeren und inneren Anforderungen. Zu genießen und sich selbst zu verwöhnen erhalten eine geradezu »unanständige« Qualität.

Die Frauen sprechen davon, daß sie gerne einmal durchschlafen möchten oder sich wünschen, alleine zur Kur zu fahren. Es kommen zaghafte Phantasien, wenigstens stundenweise berufstätig zu sein. Solche Sehnsüchte und Wünsche lösen Schuldgefühle aus, die durchaus so groß sein können, daß die Mütter jeden Hinweis auf die Realisierungsmöglichkeiten solcher berechtigten Ansprüche zum Teil vehement abwehren. Die Einwände sind z. B.: Nein, das ließe sich nicht realisieren. Wer solle denn auf das Kind aufpassen?! Tochter oder Sohn würde sofort und ohne Ende schreien, wenn sie sich als Mutter entfernen würde. Ihr Mann könne die Therapie gar nicht durchführen usw.

Es gelingt manchen Frauen aber auch, wahrzunehmen, daß manchmal das Kind ein »guter Schutzschild« ist, um sich nicht mit ihrer Angst vor Autonomie, Minderwertigkeitsgefühlen und Versagensängsten auseinandersetzen zu müssen. Aber Schuldgefühle sind meist die spontane emotionale Reaktion auf Wünsche und Sehnsüchte.

Die Schuldgefühle der Mütter können ebenso daraus entstehen, daß sie die Ambivalenzgefühle zu ihrem Kind nicht ertragen, die Ambivalenz, ihr Kind einerseits zu lieben und andererseits zu hassen. Ambivalenzkonflikte sind für alle Menschen schwer zu bewältigen, für die Mütter aber besonders erschwert, denn der Haß gegen das behinderte Kind entspricht nicht den sozialen und verinnerlichten Erwartungen an die Mutterliebe.

Es besteht die Gefahr der »Nachbehinderung« der Mütter, wenn sie sich in dauerhafte Schuldgefühle verlieren und wegen der mangelhaft ausgebildeten, da »unweiblichen« Fähigkeit zur Aggression nicht zu einem Konfliktausgleich gelangen. Es ist für die Mütter im Hinblick auf die verinnerlichten Ansprüche besonders schwer, sich einzugestehen, daß ihre Bemühungen Grenzen haben und daß sie abwägen müssen, dem Kind oder sich selbst etwas schuldig zu bleiben. Die Schuldgefühle bezüglich der Begrenztheit der Bemühungen treffen die Mütter im Kern ihrer Persönlichkeit.

Die Problematik der einseitigen Lösung vom Kind und die damit verbundenen Schuldgefühle tun ihr übriges, die Mütter schwer zu belasten. Es scheint, daß unter den derzeitigen Bedingungen der privatisierten Mutterschaft die Mütter in der Falle sitzen, sich entweder mit Schuldgefühlen einseitig vom Kind zu lösen oder an ihr Kind gebunden zu bleiben und sich selbst zu opfern. D. h., gleich wie die Frauen wählen, erleben sie psychische und soziale Probleme von höchster Brisanz.

Für Frau T. ziehen sich die Schuldgefühle wie ein roter Faden durch das Zusammenleben mit ihrem Sohn. Während der Schwangerschaft habe sie Streit mit ihrer Mutter gehabt, und sie wisse ja, daß Kinder das schon im Bauch mitbekämen. Vielleicht habe sie schuld an seiner Behinderung, weil sie nicht gefühlsmäßig ausgeglichen schwanger gewesen sei. Dann sei sie während der Schwangerschaft noch berufstätig gewesen, ebenso noch nach Beendigung des Mutterschutzes. Die Kinderfrau habe die notwendige Therapie und Förderung wohl nicht richtig gemacht. Auch hier fühle sie sich schuldig, weil sie ihren Beruf nicht aufgeben wollte. Sie fühlte sich auch schuldig, als sie nicht mehr erwerbstätig war, weil sie sich egoistisch vorkam, da sie ihre Arbeitsstelle und KollegInnen vermißte, weil sie sich isoliert fühlte und darunter litt. Sie fühlte sich auch schuldig in der Beziehung zu ihrem Mann. Der Tag mit dem Haushalt und ihrem sehr unruhigen

Sohn mache sie so kaputt, daß sie abends nur noch ins Bett falle. Ihre sexuelle Beziehung leide darunter, aber sie habe einfach keine Lust mehr. Ihr Mann fühle sich abgelehnt und sei gekränkt. Wenn er abends nach Hause komme, schaffe sie es noch nicht einmal, ihren Sohn ruhig zu halten, damit er sich, da er ja erschöpft von der Arbeit sei, ein wenig ausruhen und erholen könne. Auch hier empfinde sie Schuldgefühle.

Ich glaube, daß es nachfühlbar ist, daß Frau T. sich unter dieser Last der Schuldgefühle »ausgelaugt und kaputt« fühlte.

Die Schwierigkeit für die Mütter dürfte darin liegen, daß es nicht darum geht, Schuldgefühle zu vermeiden, sondern einen anderen Umgang damit zu praktizieren. Das bedeutet, die Schuldgefühle nutzbar zu machen, um an diesen zu erkennen, was sie dem eigenen Leben gegenüber schuldig geblieben sind bzw. bleiben. Für manche Frauen bedeutet dies die Auseinandersetzung mit dem Ideal der Mütterlichkeit, das Erleben der Begrenztheit, die Erkenntnis, daß sie diesem Ideal immer etwas schuldig bleiben müssen, da es bar jeder Realisierungsmöglichkeit ist. Diese Auseinandersetzung kann bedeuten, daß die Mütter Trennungsschritte vollziehen, und das nicht nur von Vorstellungen und Idealen, sondern beispielsweise auch von ihren Partnern oder auch ihren Kindern. Wenn dieser veränderte Umgang mit Schuldgefühlen realisiert wird, kann die Wut ggf. vom Kind gelöst werden und sich in der Wut gegen ihre soziale Situation als Frauen und Mütter ausdrücken. Diese Mütter erleben, daß es darum geht, eine Identität und eine Realität als Mutter *und Frau* leben zu können.

Kennzeichen des oben genannten Ambivalenzkonfliktes sind zum einen Schuldgefühle und zum anderen Angst. Die Angst der Mütter kann beschrieben werden als: Angst vor dem Schicksal mit dem behinderten Kind, Angst davor, was aus dem Kind wird, wenn den Müttern etwas passiert, Angst, durch die Angewiesenheit des Kindes nicht mehr freizukommen, Angst um die eigene Zukunft.

Über die Angst ragt der sozialzentrierte Verlust in das Erleben der Mütter hinein, denn es ist auch die Angst bezüglich der eigenen Lebensplanung und der sozialen Integration.

Obgleich für Menschen mit Behinderungen der Lebensweg qua Institutionalisierung vorgezeichnet ist, haben die Mütter kein Vertrauen in die Zukunft ihrer Töchter und Söhne, denn diese Institutionalisierung der Hilfe wird von ihnen als willkürlich, als jederzeit umkehrbar erlebt. Sie fragen sich, was aus ihrer Tochter/ihrem Sohn werden soll, wenn sie nicht mehr können. Gleichzeitig bedrückt sie die dauerhafte Angewiesenheit ihres Kindes. Sie fürchten sich davor, dauerhaft Mutter eines »Kleinkindes«, eines »Riesenbabys« zu sein. Sie fürchten ihre eigene Ermüdung, sehen keinen Raum mehr für eigene Lebensplanung, sondern sehen ihren eigenen Lebensweg gefährdet. Sie wollten irgendwann einmal ohne Kinder im Haus sein, wieder mehr Zeit für die Partnerschaft und eigene Aktivitäten haben. Diese Pläne sehen sie dahinschwinden, da sie sich verantwortlich für die Fürsorge für ihr Kind fühlen. Sie fühlen sich gebunden, ohne Vertrauen in die Zukunft.

Extrem bedrohend ist dies für die Mütter schwerstbehinderter Kinder. Frau I. drückte es so aus: »Ich stelle es mir schrecklich vor, 50 zu sein und jeden Tag meinen 25jährigen Sohn füttern zu müssen, ihn zu waschen, seine Windeln zu wechseln. Der Gedanke ist einfach furchtbar. Aber ins Heim kann ich ihn doch nicht geben. Er braucht so viel Zärtlichkeit und Körperkontakt. Aber vielleicht muß ich es eines Tages, weil ich es nicht mehr kann« (vgl. Jonas 1990).

Eine andere Frau sagte, daß sie und ihr Mann das Schmerzensgeld, das ihre Tochter wegen eines ärztlichen Kunstfehlers zugesprochen bekommen habe, so anlegen wollten, daß sie ein Haus bauten, so daß ihre Tochter später von der Miete leben könne und damit unabhängig werde von der Sozialhilfe, von der man ja nie wisse, ob sie nicht gekürzt werde.

Die Angst und Verunsicherung sind groß. Die fehlende soziale Verantwortung für Mutterschaft und Kindheit läßt die Mütter kein Vertrauen haben, daß ihr Kind gut versorgt ist, wenn sie nicht mehr wollen oder können. Finanzielle Hilfe und der technokratisch perfekte »Sonderweg« für ihre Kinder werden in der entpersönlichenden Auswirkung wahrgenommen und verstärken die Angst, lebenslang an die Tochter/den Sohn gebunden zu bleiben.

In dieser Phase entscheidet sich, ob es den Müttern gelingt, ihre Angst um die Zukunft – sowohl der des Kindes als auch der eigenen – zu erkennen und ggf. Weichen für eine autonome Lebensplanung zu stellen und eine einseitige Lösung vom Kind einzuleiten.

Da in der Phase der aufbrechenden chaotischen Emotionen durch die zunehmende Wahrnehmung des kindzentrierten Verlustes der Schwerpunkt auf dem identitätszentrierten Verlust mit Überschneidungen zum sozialzentrierten Verlusterleben liegt und die Komplexität der heftigen emotionalen Erschütterung die Mütter bewegt, kann von einer »kritischen Phase« gesprochen werden. Die Mütter sind mit der Wucht der drei Verlustkomplexe konfrontiert. Die Ambivalenz gegenüber dem Kind, die Schuldgefühle, die Aggressionen und die Angst sind die zentralen Themen dieser Phase.

Dieses starke emotionale Erleben läßt sich nicht kognitiv steuern, nicht abkürzen und, damit etwas Neues entstehen kann, auch nicht unterbinden. Es gilt für die Mütter – wie für alle Trauernden –, dieses wechselnde Emotionschaos auszuhalten und durchzuhalten.

Dieses Aushalten der Emotionen und des Schmerzes ist psychische Schwerstarbeit und bedarf der Begleitung durch soziale Beziehungen und des Ausdrucks im Interaktionsprozeß, damit die Mütter in diesem Prozeß nicht innerlich vereinsamen.

Die soziale Realität der Mütter muß dabei gesehen werden. Selbst wenn sie die Weichen für eine autonome Lebensplanung stellen, haben sie in der Realität kaum eine Chance, diese zu verwirklichen, da sie aufgrund der geschlechtsspezifischen Arbeitsteilung sozial an ihr Kind gebunden bleiben und gängige Alternativen – z. B. Heimaufenthalt des Kindes – wiederum ungeheure Schuldgefühle auslösen. Die Mütter geraten von der gesellschaftlichen Bewertung her in eine paradoxe Situation. Einerseits wird ihnen vermittelt, daß es unerträglich ist, mit einem behinderten Kind zu leben, andererseits gelten sie als Inbegriff der schlechten Mutter, wenn sie ihr Kind in ein Heim geben, und gerade ein Kind, das so hilflos und pflegebedürftig ist.

Suchen, Finden und Sich-Trennen

In der Phase des Suchens, Findens und Sich-Trennens dient die Suche nicht mehr dem Rückgängigmachen des Verlustes wie in der Phase der Nicht-Wahrnehmung und Suche, sondern sie kann im Sinne des Aufsuchens verstanden werden. Es geht nicht mehr darum, den Verlust ungeschehen zu machen, sondern die verschiedenen Aspekte des Verlustes schmerzhaft wahrzunehmen, also sie zu suchen, sie zu finden und sich davon zu trennen, wobei das Sich-Trennen immer wieder Phasen der chaotischen Emotionen, der Verzweiflung, Depression, Angst, Apathie, Schuldgefühle, Wut usw. auslöst. Es ist die Auseinandersetzung mit dem Verlust in der Alltagsrealität. Alte Gewohnheiten werden in Frage gestellt, der Verlust wird zunehmend als Realität anerkannt und ins Leben integriert. Es geht um die Rücknahme der Delegation und Projektion und die Anerkennung dessen, was bleibt.

Dieses Suchen, Finden und Sich-Trennen ist ein aktiver Vorgang, der sich in der Interaktion oder im inneren Dialog realisiert. Die Aktivität des Sich-Trennens bedarf der Aggression im Sinne des entschiedenen Handelns und der Fähigkeit, Distanz zu schaffen, sich abzugrenzen und eigene Bedürfnisse durchzusetzen (vgl. Kast 1984; Jonas 1990). Die Phase ist für die Mütter behinderter Kinder eine äußerlich ruhigere Zeit, da der kindzentrierte und der identitätszentrierte Verlust zumindest partiell wahrgenommen werden.

Die Suche richtet sich nicht mehr so sehr nach außen auf Therapie und Heilung. Die Entwicklung des Kindes wird realistischer eingeschätzt. Die Hoffnungen haben sich verringert, die Mütter sind wirklichkeitsbezogener geworden. Das Kind wird in seiner Unterschiedlichkeit wahrgenommen, und diese Unterschiedlichkeit kann als Realität anerkannt werden.

Nach einer Zeit der Wut auf Fachleute und der Enttäuschung durch diese begann Frau H., sich die Frage zu stellen, was sie von den Fachleuten erhofft hatte. Sie erinnerte sich, daß einer ihrer ersten Gedanken nach der Mitteilung der Behinderung war, ihren Sohn kosmetisch operieren zu lassen, und daß sie Angst hatte, daß ihm die Behinderung anzusehen sei. Sie sagte, daß sie wohl versucht habe, die Behinderung

»unsichtbar« zu machen, und fügte hinzu, daß sie sich von den zwei aufgesuchten Kapazitäten ein Patentrezept gegen die Behinderung erhofft hatte. Frau H. bemerkte, daß sie ihren Sohn unter dem Blickwinkel betrachtete, inwieweit er »typisch« für die Behinderung aussehe und inwieweit er »normal« aussehe. Sie studiere aufmerksam jedes Photo von ihm, ob er darauf »vorteilhaft« aussehe oder nicht. Und wenn sie meine, daß die Behinderung zu stark zu sehen sei, werfe sie das Photo weg.

Ihr fiel auch noch ein, daß sie immer voller Verachtung von den Müttern gesprochen habe, die ihre behinderten Kinder nicht so gut kleideten und ihnen die Haare nicht attraktiv schneiden ließen. Sie habe immer gesagt, daß diese Mütter ihre Kinder ja noch behinderter aussehen ließen, als sie sowieso schon wären, und daß diese Mütter ihre Kinder bestimmt ablehnen würden. Sie habe ihrem Sohn stets teure Markenkleidung gekauft und die Haare schick schneiden lassen. Und jetzt merke sie, daß ihr daran gelegen war, die Behinderung ihres Sohnes zu verleugnen. Sie habe versucht, die Behinderung »an der Oberfläche« zu kurieren, eben durch eine kosmetische Operation, schöne Kleidung und eine schicke Frisur. Aber im Grunde habe sie die Behinderung nicht an sich herangelassen. Sie habe ihre ganze Energie darangesetzt, daß »die Optik stimmt«.

Nachdem Frau H. diese Zusammenhänge hergestellt hatte, hatte sie das Gefühl, erstmals durch die Behinderung erschüttert zu sein. Sie durchlebte eine Zeit, in der sich die Gefühle der Hilflosigkeit und Ohnmacht verstärkten, in der sie, wie sie sagte, sich fast wie ein Kind fühlte, da der Handlungsweg, den sie gewählt hatte, sich für sie nicht mehr verantworten ließ, sie aber auch nicht wußte, was zu tun sei. Es fiel ihr sehr schwer, sich auf den Prozeß der Wahrnehmung einzulassen und, wie sie sagte, »die Hände in den Schoß zu legen und einfach nur Schmerzen zu haben«. Immer wieder drängten sich ihr Vergleiche auf, bei denen ihr Sohn schlecht abschnitt. Dann verglich sie ihn mit schwerer behinderten Kindern, so daß er »noch gut dastand«. Sie bemerkte diese Vergleiche selbst und spürte, daß sie verglich, um etwas tun zu können, um ihrem inneren Schmerz auszuweichen und um die Realität der Behinderung ihres Sohnes nicht wahrzunehmen.

Dieser Prozeß ist langwierig und schmerzvoll. Es wird den Müttern möglich, wahrzunehmen, daß sich die Behinderung zwischen sie und ihr Kind geschoben hat und die Identifikation mit dem Kind erschwert, daß aber das Kind auch mit seiner Behinderung mütterliche Identität ermöglicht.

Diese mütterliche Identität hat jedoch keine tradierten Vorbilder, sie entspricht nicht dem, was an sozialen Erwartungen und an verinnerlichten Einstellungen zur eigenen Mütterlichkeit gelebt werden sollte. Die Mütter stehen vor einem Neuanfang, sich mit sich selbst als Mutter eines behinderten Kindes auseinanderzusetzen.

Der Konflikt zwischen Frau M. und ihrer Tochter spitzte sich derartig zu, daß Herr M. mit seiner Frau absprach, daß er eine Woche mit der Tochter wegfahren werde, damit Frau M. Zeit für sich habe und sich die Situation ein wenig entspannen könne.

Frau M. sagte, daß diese Woche für sie »heilsam« gewesen sei. Sie habe plötzlich vor einer großen Leere gestanden und nicht mehr gewußt, was sie mit sich anfangen sollte. All ihre Gedanken und Gefühle kreisten nur um ihre Tochter, was mit ihr zu tun sei, wie sie zu motivieren sei usw. Nicht nur sie komme sich wie ein »Kasper« vor, sondern sie habe auch das Gefühl, daß ihre Tochter wie ein »defektes Püppchen« sei, das dauernd repariert werden müßte.

Im Grunde sei es die einzig sinnvolle Reaktion, daß ihre Tochter dies verweigere. Damit reagiere sie richtig gesund. Ich griff das Thema des »defekten Püppchens« und des »Kaspers« auf und äußerte meine Phantasie von einem »Puppentheater«, in dem Marionetten oder Handpuppen auf der Bühne agieren, aber keine Menschen.

Frau M. konnte sich auf diese Phantasie einlassen und stimmte diesem Bild spontan zu.

Sie sagte, daß die eigentlichen Akteure ihre Eltern und ihre Schwiegereltern seien und sie, ihr Mann und die Kinder die Puppen. Sie selbst komme aus einer einfachen Familie. Da sie arm waren, gingen ihre Mutter und ihr Vater arbeiten. Sie habe sich als Kind sehr vernachlässigt gefühlt, obgleich sie heute sehen würde, daß beide von der Arbeit ausgelaugt waren. Sie habe als Kind tun und lassen können, was sie wollte, niemand habe sich um sie gekümmert. Sie habe sehr darunter gelitten und sich damals schon geschworen, bei eigenen Kindern alles besser zu machen. Daher habe sie in sich den Ehrgeiz, eine gute Mutter zu sein und all das wiedergutzumachen, was sie als Kind nicht erfahren habe. Ihr Mann komme aus einer Familie mit einer Akademikertradition. Ihre Schwiegereltern seien gegen sie gewesen und hätten versucht, ihre Beziehung zu zerstören, weil sie aus einer einfachen Familie komme und daher nicht zu ihm passe.

Aus diesen Konflikten und Spannungen heraus versuchten sie und ihr Mann alles zu tun, damit sie eine glückliche Familie würden, die vor den Augen der Schwiegereltern bestehen könne. Frau M. erkannte, daß sie ihre Vorstellungen von einer »guten« Mutter an dem orientierte, was sie als Mangel erlebt hatte. Diese diffusen Vorstellungen konkretisierten sich zu etwas, das sie glaubte, leben zu müssen, um den Entwertungen der Schwiegereltern zu entgehen, indem sie alles noch perfekter und noch besser machte.

Als ihre Tochter geboren wurde, sei das für sie und ihren Mann wie ein Schlag gewesen. Die Behinderung habe ihre ganze Anstrengung bedroht. Sie habe ihre volle Energie darauf verwendet, ihre Tochter optimal zu fördern, um zu beweisen, daß sie selbst damit fertig werde. Sie habe mit ihrem Mann nie darüber gesprochen, aber beide hätten das »alberne Spiel« gespielt, ihre Tochter zum »Star« der Familie zu machen, zumal ihre Schwiegereltern sie als »Makel« empfunden hätten. Sie habe alles umgedreht. Statt »Makel« gab es einen neuen Familienstar, statt der Entwertung sei sie die »Supermutter« gewesen. Das Spiel hätten sie noch eine Weile weiterspielen können, wenn ihre Tochter die ständigen Anforderungen nicht verweigert hätte.

Als in einem längeren Prozeß Frau M. diese Zusammenhänge deutlich wurden, veränderte sich ihre Beziehung zu ihrer Tochter. Sie begann, sie wahrzunehmen. Der Konflikt entspannte sich. Dafür wurde ihre Beziehung zu ihren Schwiegereltern und zu ihren eigenen Eltern konfliktreicher. Die Wut und Aggression richteten sich nicht mehr gegen ihre Tochter, sondern führten zu Auseinandersetzungen mit den und Abgrenzungen gegen die Personen, die »die Fäden in der Hand hielten«.

Die frühen Projektionen auf das Kind, die mit ihm verbundene und erhoffte Aufwertung, die Bedeutung, die dem Kind zugeschrieben wurde, das in das Kind verlagerte »ideale Selbst« müssen wahrgenommen und in das individuelle Selbst zurückgenommen werden. Die Aufgaben, die an das Kind delegiert wurden als Hoffnungsträger für die Zukunft, müssen vom Kind getrennt und in die eigene Persönlichkeit integriert werden. Die Zurücknahme der Delegation und Projektion verweist die Mütter auf die Planung der eigenen Zukunft, auf ihr autonomes Leben, das es in die eigene Kompetenz zu nehmen gilt.

Frau A., die sich durch die Behinderung ihres Sohnes so überrollt fühlte, sagte, daß sie nach einer vorher gescheiterten Ehe mit ihrem jetzigen Mann sehr glücklich sei. Als sie schwanger wurde, habe sie sich riesig gefreut, da sie das Gefühl hatte, daß ein Kind »die Krönung« des Glücks sei. Sie habe sich sehnlichst einen Sohn gewünscht, da sie dachte, dadurch ihrem Mann »eine Freude zu bereiten«. Die Behinderung habe alles zerstört. Sie habe sich wie vernichtet gefühlt.

Ihr Mann sei auch erschüttert gewesen, aber er habe es schneller verarbeitet. Er sei sehr stolz auf seinen Sohn. Sie sei lange Zeit mißtrauisch gewesen, ob ihr Mann sie belüge, um sie zu beruhigen. Aber es sei wohl tatsächlich so. Sie müsse begreifen lernen, daß ihr Sohn sei, wie er sei, und daß sie und ihr Mann sich trotzdem liebten und glücklich seien und daß das so in Ordnung sei. Diese Tatsache anzuerkennen falle ihr schwer. Ihr Mann ermutige sie, wieder arbeiten zu gehen, damit sie mal von zu Hause rauskomme und Kontakt zu anderen Menschen habe. Sie fühle sich noch bleischwer, aber sie wolle sich wieder eine Stelle als Verkäuferin suchen. Vielleicht gehe es ihr dann ja besser.

Die Angewiesenheit des Kindes wird erlebt, und es kann eine Auseinandersetzung mit der Einschränkung der eigenen autonomen Lebensplanung stattfinden, wobei die Mütter schmerzhaft die besondere Schwierigkeit erleben, die Angewiesenheit einseitig zu lösen.

Die eigene Zukunft, die Zukunft des Kindes, Fragen der Integration und der Isolation können bewußt angeschaut werden. Damit rückt das sozialzentrierte Verlusterleben in den Vordergrund.

Doch gerade die einseitige Trennung der Mütter von ihrem

Kind wird als ungeheurer Ambivalenzkonflikt erlebt. Es besteht für die Mütter die konflikthafte Situation, zwischen der Angewiesenheit des Kindes und den mütterlichen Autonomiebestrebungen entscheiden zu müssen. Die Konfliktregelung hängt von der Stärke der beiden Impulse, von Ich-Fähigkeiten der Mütter, auch von den Fähigkeiten zur Aggression im Sinne des entschiedenen Handelns sowie von sozialen Faktoren ab.

Die Mütter können die Behinderung und die Unterschiedlichkeit anerkennen, sie können auch zu einer neuen Identitätsfindung gelangen, aber dennoch kann die Gebundenheit ans Kind bleiben, weil eine Trennung psychisch nicht möglich ist oder weil der soziale Druck zu groß ist oder weil die sozialen Ressourcen zur Autonomieentwicklung fehlen. Die Bedrohung für Mutter und Kind geht demnach nicht von der »Nicht-Annahme« des Kindes durch die Mutter aus, sondern von der Preisgabe der Identität als Frau und ihrer autonomen Entwicklung.

Frau T. reagierte mit massiven Schuldgefühlen, als ich sie auf ihre Sehnsucht nach einer anderen Tätigkeit ansprach. Nein, das könne sie nicht, da ihr Sohn sie brauche. Außerdem wolle ihr Mann das nicht. Er meine, daß es sowieso nicht gut gewesen sei, daß ihr Sohn anfangs bei einer Kinderfrau war, und er mache auch immer wieder Andeutungen wegen ihrer konfliktreichen Schwangerschaft. Sie habe das Gefühl, diese Fehler wiedergutmachen zu müssen. Über lange Zeit wurden die Schuldgefühle in der Beratung das bestimmende Thema. Eine Veränderung trat ein, als Herr T. mit zur Beratung kam, was er anfangs abgelehnt hatte. Es wurden massive Beziehungsschwierigkeiten zwischen Frau T. und Herrn T. deutlich, die durch das Verhalten (große motorische Unruhe) ihres Sohnes verstärkt wurden und nicht zur Sprache kamen. Herr T. war gekränkt, daß ausgerechnet der erhoffte Sohn behindert war. Er gab seiner Frau immer wieder zu verstehen, daß er glaube, daß sie schuld an der Behinderung sei. Auf die Nachfrage, was die Schuld für ihn ausmache, sagte er, daß seine Frau rechthaberisch sei und sich ständig durchsetzen müsse. Daher habe sie auch während der Schwangerschaft Streit mit ihrer Mutter gehabt. Danach habe sie trotz der Behinderung weiter berufstätig sein wollen. Und das schade jedem Kind. Herr T. konnte dann thematisieren, daß er seine Frau als eigenwillig und stark erlebe und daß ihm das angst mache. Er habe immer gehofft, daß seine Frau »sanft« würde, wenn sie einmal Kinder hätte. Früher habe er seine Frau geliebt, weil sie so stark war und er dadurch hoffte, von ihr etwas wie »Schutz« zu erfahren. Aber jetzt wünsche er sich eher eine Frau, die weniger eigenwillig sei, die ihn versorge.

Ich möchte an dieser Stelle die Eheproblematik von Frau T. und Herrn T. unerörtert lassen, die aber in der Beratung einen breiten Raum einnahm.

Für Frau T. war die Folge, daß sie aus ihren Schuldgefühlen herausfand, da sie plötzlich das Gefühl hatte, ihr Mann habe ihre Schuldgefühle »ausgenutzt«, um sie zu »dressieren«. Sie kümmerte sich um einen Kindergartenplatz für ihren Sohn, zog vorübergehend aus der gemeinsamen Wohnung aus und nahm ihre Berufstätigkeit wieder auf. Allerdings fühlte sie sich alleine der Belastung Beruf und Sohn nicht gewachsen. Als ihr Mann ihr ein erneutes Beziehungsangebot machte, knüpfte sie ihre Einwilligung an die Bedingung, daß er nur noch in der Frühschicht arbeite und danach die Fürsorge für ihren Sohn übernehme. Ihr Mann ging darauf ein. Wegen ihrer Eheprobleme gingen beide in eine psychologische Beratung.

Es ist in dieser Phase möglich, sich auf emotionale und soziale Ressourcen, d. h. auf alltägliche relevante Beziehungen zu besinnen, die durch Bindung an den Partner, zu anderen Menschen oder zur Herkunftsfamilie bestehen. Die Partnerschaft erhält die Stabilisierung durch das Kind dann nicht aus der Geschlechtsspezifik des Kindes, sondern aus der Anerkennung der Unterschiedlichkeit, die das Kind lebt, und aus der Anerkennung der gemeinsamen Aufgabe. Es besteht allerdings auch die Gefahr, die gemeinsame Aufgabe dazu zu benutzen, um Probleme in der Partnerschaft gleichsam »unter den Teppich zu kehren«. Es kann auch sein, daß das Kind als gemeinsame Aufgabe vorrangige Bedeutung erhält, um eine Trennung in der Partnerschaft, die beispielsweise für die Frauen notwendig wäre, nicht anzugehen.

Über die Anerkennung der Unterschiedlichkeit des Kindes kann auch die eigene Kompetenz der Mütter für das Kind wieder übernommen werden. Die Abgrenzung gegen Fremdbestimmung wird deutlicher. Die Mütter entscheiden selbst, was ihrem Kind und ihnen guttut. Viele Mütter behinderter Kinder wehren sich gegen die therapeutischen Ansprüche. Viele stehen der Pathologisierung ihres Kindes durch Schulmedizin und traditionelle Heilpädagogik kritisch gegenüber, probieren alternative Methoden, aber nicht mehr, um das Kind zu heilen, sondern um ihm Erleichterung zu verschaffen, um dem Kind und sich selbst das Leben angenehmer zu gestalten.

Frau R. gelang es über die Abgrenzung gegen Fremdansprüche, eine Beziehung zu ihrem Sohn aufzunehmen, die ihrem Fühlen entsprach. Vorher hatte sie immer geglaubt, sie müsse ihn lieben. Nachdem sie zulassen konnte, daß sie mit seiner Behinderung »nicht zurechtkam«, fand sie zu einer entspannten Haltung. Sie sagte, daß sie ihn nicht liebe, aber auch nicht ablehne. Ihr Sohn habe sich die Behinderung nicht ausgesucht und sie auch nicht. Sie müßten jetzt aber wohl miteinander leben. Wenn er etwas älter sei, werde sie sich um einen guten Heimplatz kümmern, damit er gut versorgt sei. Die Therapie und Förderung solle von den dafür Ausgebildeten übernommen werden. Sie könne und wolle nicht üben, und sie werde auch nicht mehr so tun, als ob sie es täte. Sie werde ihr Leben weiterleben, ihren Sohn daran teilhaben lassen, soweit es ginge, mehr aber auch nicht. Sie werde zusehen, daß sie, soweit es ginge, Entlastung finden könne. Im gleichen Haus wohne eine Nachbarin, mit der sie immer die Kinder austausche, um sich gegenseitig zu entlasten. Und das sei ganz prima. Ihrem Sohn und ihr gehe es besser, seitdem sie sich nicht mehr in ihr Leben hereinreden lasse.

Die sozialzentrierte Kategorie des Verlusterlebens rückt die Notwendigkeit in den Vordergrund, zur eigenständigen Identität als Frau zurückzukehren, die die Mütter nach der Geburt des Kindes aufgegeben haben. Der Ambivalenzkonflikt bedeutet in diesem Zusammenhang, die Spannung zwischen der Identität als Mutter und der Identität als Frau auszuhalten. Diesen Ambivalenzkonflikt im Sinne der dynamischen Autonomie zu ertragen, zu entscheiden, ohne diesen zu verdrängen, ist unter den derzeitigen Bedingungen der privatisierten Mutterschaft und der fehlenden sozialen Verantwortung eine Belastung, die die Frauen häufig als Zerreißprobe erleben. Auch wenn diese Phase des Prozesses unter Umständen äußerlich vielleicht ruhiger und abgeklärter wirkt, so kommt dieser Zeit richtungsweisende Bedeutung für das Leben der Mütter zu.

Autonomieentwicklung als neuer Selbst- und Weltbezug

Zum Trauerprozeß gehört, daß die Trauernden sich verändern und neue Beziehungen eingehen. Die Beschreibung der Veränderung läßt sich nicht allgemein ausführen, da der neue Selbst- und Weltbezug individuell bestimmt ist. Es kann aber gesagt werden, daß das Gefühl für die Realität und die eigene Person zurückkehrt und die chaotischen Reaktionen schrittweise aufgegeben werden. Die Trauernden finden sich in sich selbst und in neuen Rollen besser zurecht, sie gewinnen Selbstvertrauen und Selbstachtung wieder (vgl. Kast 1984).

Dieser neue Selbst- und Weltbezug kann als ein Mehr an Autonomie begriffen werden, da das Verhaftetsein in dem Verlust zunehmend gelöst werden kann (ohne den Verlust zu »lösen«) (vgl. Jonas 1990).

Milani-Comparetti (1987, S. 230) spricht von einer »depressiven Haltung« in dem Sinne, daß die Trauer ausgehalten und die Realität des Verlustes anerkannt wird. Analog zu dieser individuellen Haltung der Mütter und Väter nennt er die »depressive Verbandshaltung« (ebd., S. 230). Sowohl die individuelle als auch die soziale »depressive Haltung« bewirken, daß behinderte Kinder nicht ausgesondert werden, daß eine Integration in die Familie und in die Gemeinschaft erfolgt und daß die soziale und politische Verantwortung für die Nichtaussonderung übernommen wird.

Für die Mütter kann in der Phase des neuen autonomeren Selbst- und Weltbezuges das realisiert werden, was in der Phase des Suchens, Findens und Sich-Trennens vorbereitet wird. Sie handeln und empfinden nicht mehr zwangsläufig, sondern sie haben die Wahlmöglichkeit und die Entscheidungsfreiheit. Der innere Handlungsspielraum hat sich erweitert. Sie sind autonomer geworden. Auf der Emotionsebene heißt das, daß Schmerz, Schuldgefühle, Wut usw. gefühlt und wahrgenommen werden, daß die Mütter aber nicht mehr davon überwältigt werden müssen. Sie können psychisch Distanz schaffen, ohne zu verdrängen. Der Emotionskomplex der Trauer ist integriert, und sie können gegebenenfalls davon unterschiedene eigene Interessen, Wünsche, Bedürfnisse wahrnehmen und sich dafür entscheiden. Der Schmerz wird zum integralen Bestandteil des Lebens.

Auf der Ebene der Identität gelingt es den Müttern besser, zu einem Konfliktausgleich zwischen ihrer Identität als Mutter eines behinderten Kindes und ihrer Identität als Frau zu gelangen. Sie können Fremdbestimmung besser ablehnen und zwischen eigenen Interessen und denen des Kindes abwägen. Es ist eine Lebens- und Alltagsplanung möglich, in der das behinderte Kind nicht mehr ausschließlich Mittelpunkt ist.

Ich habe schon von Frau L. gesprochen, die eine besser bezahlte Tätigkeit annahm, dafür aber auf professionelle Therapie für ihre Tochter verzichten mußte. Sie gelangte zu einem Interessenausgleich, indem sie den Schwerpunkt darauf legte, daß sie für sich in Anspruch nahm, etwas mehr Geld zu verdienen. Ihr bisheriges Gehalt lag knapp über dem Sozialhilfesatz.

Frau R. gelang der Ausgleich, indem sie Therapie und Förderung im professionellen Rahmen ließ, ohne sich mit dem Anspruch, daß sie selbst etwas tun müsse, zu belasten. Da ihr Partner häufig auf Montage war, war die Entlastung durch ihn sehr gering. Sie organisierte ihr Leben, indem sie zunächst mit einer Nachbarin, später noch mit anderen Frauen im Haus ein System an Unterstützung und Entlastung aufbaute, indem sich die Frauen sowohl emotionale als auch praktische Hilfestellungen gaben. Frau R. und auch andere Frauen nahmen Putz- oder Aushilfstätigkeiten auf, wobei sie die Kinderbetreuung wechselseitig organisierten.

Das behinderte Kind wird in seinem So-Sein, seiner Unterschiedlichkeit erlebt. Die emotionalen Bedürfnisse an das Kind bestimmen sich aus seiner Realität. Was das Kind aufgrund seiner Behinderung nicht erfüllen kann, wird in die eigene Person zurückgenommen und in anderen Beziehungsressourcen gelebt.

Frau A. erkannte, daß sie sich ihren Sohn als Krönung des

Glücks erhofft hatte und daß es sie sehr enttäuschte, daß dieser Wunsch zerstört war. Es habe sich aber an der Beziehung zu ihrem Mann nichts verändert. Die Ehe mit ihm erlebe sie immer noch als sehr befriedigend, so daß sie manchmal staune, daß so etwas möglich sei. Mit Unterstützung ihres Mannes konnte sie Schritte nach außen tun. Sie nahm eine Stelle als Verkäuferin an. Sie knüpfte wieder Kontakte zu Freundinnen, so daß sich ihr Gefühl der Isolation abbaute. Nachdem sie lange Zeit weder behinderte noch nichtbehinderte Kinder hatte sehen wollen, war sie in der Lage, mit ihrem Sohn in einen integrativen Spielkreis zu gehen. Außerdem bot sie mir an, daß sie gerne für Mütter und Väter behinderter Kinder als Ansprechpartnerin zur Verfügung stehen würde. Sie sagte, daß sie diesen gerne vermitteln würde, daß es zuerst sehr schwer sei, mit der Behinderung zurechtzukommen, daß es aber möglich sei, wenn Frauen und Männer in der Beziehung zusammenhielten.

Sehr idealtypisch wäre es möglich, daß die Behinderung nicht mehr zwischen Mutter und Kind steht und eine Identifikation mit dem Kind, wie es ist, erfolgt. Die Konfrontation mit der eigenen inneren verletzten Kindheit kann ausgehalten und muß nicht mehr in das reale Kind projiziert werden. Idealtypisch wäre auch bezüglich der autonomen Lebensplanung für die Mütter möglich, daß sie abwägen könnten zwischen eigenen autonomen Bedürfnissen und der Angewiesenheit des Kindes. Ebenso würde der Verlust an sozialer Integration nicht hingenommen, sondern es würden Möglichkeiten sozialer Integration mit und ohne das behinderte Kind angestrebt.

Ob diese Realität erreicht werden kann, ist unter den derzeitigen Bedingungen eher zweifelhaft. Zum einen, da der Trauerprozeß ein sehr komplexer ist, der nicht beendet wird, zum anderen, da die sozialen Faktoren einen entscheidenden Einfluß ausüben. Die privatisierte Mutterschaft und die soziale Desintegration von Menschen mit Behinderungen schaffen gesellschaftliche Einflußgrößen, die den psychischen Prozeß scheitern lassen können. So ist es vielleicht für die Mütter möglich, zwischen dem Wohl des Kindes und dem eigenen Wohl abzuwägen, wenn aber keine Unterstützung von außen erfolgt oder eine Veränderung der geschlechtsspezifischen Arbeitsteilung unterbleibt, bleiben die Mütter sozial determiniert an ihr behindertes Kind gebunden. Eine autonome Lebensplanung wird dann zwar gedacht und gewünscht, läßt sich aber aufgrund der gesellschaftlichen Bedingungen nicht realisieren.

Die Bedrohung des Trauerprozesses und die Gefahr einer Chronifizierung liegen weitgehend in dem sozialzentrierten Verlusterleben und der Unmöglichkeit der Entwicklung einer autonomen Identität als Frau im Sinne einer Reintegration der Persönlichkeit. Der Verknüpfung des Trauerprozesses mit der Autonomieentwicklung und den sozialen Lebensbedingungen der Frauen und Mütter kommt entscheidende Bedeutung zu.

Der »Abschluß« des Trauerprozesses ist immer ein vorläufiger, eine schöpferische Pause, in der der neue, autonomere Selbst- und Weltbezug in die Persönlichkeit integriert und die Veränderung erprobt wird. Die Mutter eines schwerstbehinderten Kindes drückte diesen Prozeß aus, als sie sagte, daß der Traum vom unkomplizierten Leben ausgeträumt sei. Sie konnte aber auch hinzufügen, daß das für sie in Ordnung sei. Sie hatte sich mit allen Schmerzen auf den Prozeß der Veränderung eingelassen (vgl. Jonas 1990).

Daß die Trauer in bestimmten Zeiten wieder durchlebt werden muß, ist die Chance für eine weitere Entwicklung und das Erleben des Sich-Veränderns. Eine Abwehr der zirkulierenden Trauer blockiert demnach Entwicklung, das Zulassen der zirkulierenden Trauer ermöglicht ein Mehr an Autonomie und Bezogenheit. Es ist schmerzhaft, daß wir uns nicht Verlust, Frustration und Leid ersparen können. Die Mütter sprechen in der Beratung davon, daß sie all diese Erfahrungen und Weiterentwicklungen gerne erlebt hätten, ohne daß ihr Kind behindert sei. Dieser Wunsch ist verständlich und läßt sich auch nicht mit Hinweisen auf Sinn und Schicksal wegreden. Da die Realität aber ist, wie sie ist, ergibt sich für die Mütter aus der Behinderung ihres Kindes lediglich die Frage, was ihr Kind mit seiner Behinderung aus ihnen selbst, aus ihren Beziehungen herausfordert.

Die zirkulierende Trauer gibt den Müttern die Möglichkeit, immer wieder in dem Prozeß der Autonomieentwicklung ein authentischeres Ich zu erfahren und zu entwikkeln. Da die Balance zwischen Bezogenheit und Abgrenzung immer eine vorläufige ist, wird die zirkulierende Trauer zu einer lebensgeschichtlich bestimmenden Erfahrung der Mütter, in der immer wieder die Möglichkeit zu einem Mehr an Autonomie liegt.

Für Frau K. und Frau T. brach durch die Behinderung eine massive Beziehungsproblematik zu ihren jeweiligen Partnern aus.

Frau K. grenzte sich stärker gegen ihre Kinder ab und wollte mit ihrem Partner an der Beziehung arbeiten. Die Ehetherapie löste schmerzhafte Prozesse aus, in denen auch immer wieder die Behinderung ihrer Tochter thematisiert wurde und die Unterschiedlichkeit des Erlebens zwischen Frau K. und Herrn K. Als sich Frau K. in einen anderen Mann verliebte, wurde zusätzlich zu ihrer dadurch erschütterten Beziehung die Behinderungsthematik für sie zentraler Mittelpunkt der Auseinandersetzung. Es tauchten Fragen auf, ob sie nicht doch ihren Mann verlassen wolle, ob sie eine neue Beziehung eingehen könnte, in der auch ihre behinderte Tochter Raum hätte. Sie war tief verunsichert, ob sie sich »tatsächlich« verliebt hatte, ob sie aus ihrer Beziehung flüchten wollte oder ob sie sich verliebt hatte, um sich zu beweisen, daß sie keine »behinderte Mutter« war, sondern eine attraktive Frau, die mehr vom Leben wollte.

Frau K. entschied sich wiederum, bei ihrem Mann zu bleiben, und meinte, daß bei den Motiven ihres Verliebens für sie sehr wichtig war, sich als Frau zu bestätigen und eben nicht »nur« Mutter zu sein. Ihr gelang es, diesen Aspekt in ihre Beziehung mit ihrem Mann zu integrieren.

Die Behinderung spielte auch in der Entscheidung von Frau T. eine wichtige Rolle. Sie sagte, daß sie sich nicht zutraue, mit ihrem Sohn alleine zu leben, daß sie sich daher wieder auf ihren Mann eingelassen habe. Sie empfand, daß sie auf sich aufpassen müsse, um nicht wieder in ihre Schuldgefühle gegenüber ihrem Sohn zu fallen. Sie erkannte allerdings auch, daß die Basis der Unterstützung durch ihren Mann zu einseitig auf ihn ausgerichtet sei, sie fühlte sich von ihm sehr abhängig. Sie sagte, daß sie dafür sorgen müsse, daß sie mehr Unterstützung und Entlastung bekomme, da sie sonst das Gefühl habe, ihrem Mann ausgeliefert zu sein. Sie machte ihm den

Vorschlag, daß sie in die Nähe ihrer Eltern ziehen sollten, damit diese – wozu sie sich auch bereit erklärten – einen Teil der Fürsorge für ihren Sohn übernehmen könnten. Frau T. empfand den Balanceakt zwischen Autonomie und Abhängigkeit überdeutlich und sah für sich lediglich die Möglichkeit, dies so zu verteilen, daß sie, wie sie sagte, »nicht erpreßbar« durch ihren Mann oder auch ihre Eltern würde.

Die Erfahrungsbreite der autonomen Entwicklung variiert und hat eine große Spannbreite. Es gibt Frauen, die mit kleinen Schritten beginnen, die für sie selbst sehr große sind. Das kann das Recht auf ein eigenes Zimmer sein oder ein kinderfreier Abend in der Woche. Manchmal ist es die Teilnahme an einer Gruppe ohne die Kinder oder der Mut, ihr Kind einer Nachbarin zu überlassen oder einmal ein Wochenende wegzufahren.

Die Frauen erleben auch kleine Schritte autonomer Entwicklung mit vielen Unsicherheiten und Ängsten, mit Schuldgefühlen und der Bedrohung, aufzugeben. Dieser Prozeß ist durch die Wechselbeziehung zwischen psychischem Erleben und sozialen Bedingungen eklatant bedroht.

Partner, FreundInnen, die Herkunftsfamilie werden gebraucht, um kleine Schritte gehen zu können. Die Angewiesenheit auf entlastende und unterstützende soziale Beziehungen ist eine Herausforderung an die Beziehungsfähigkeit der Frauen, das Ertragen von Ambivalenz, die Notwendigkeit, Gefühle von Rücksichtslosigkeit und Egoismus auszuhalten, die Fähigkeit, ihr Rollenverhalten als Mütter zu hinterfragen, um sich auch die kleinsten eigenständigen Lebensräume zu sichern. Die Mutter eines schwerstbehinderten Kindes nahm diesen Abschied von tradierten Vorstellungen wahr und sagte, daß sie regelrecht Neuland betreten müsse (vgl. Jonas 1990). Es gibt für Mütter behinderter Kinder keine Vorstellungen für deren Zukunft, da die tradierten Mutterbilder wegen der dauerhaften Angewiesenheit des Kindes versagen. Es gilt daher für die Frauen, neue, eigene Lebensentwürfe zu entwickeln.

An dieser Beschreibung wird das Eingebundensein der Mütter in die psycho-soziale Situation der Frauen und Mütter in unserer Gesellschaft deutlich, erheblich erschwert und belastet durch die Behinderung der Kinder. Die gesellschaftliche Situation der Mütter insgesamt verdichtet sich in der Realität der Mütter behinderter Kinder. Die persönliche Situation verweist damit auf den sozialen Kontext und politische Veränderung.

Im individuellen Prozeß der Trauer und der Autonomieentwicklung spüren und äußern die Mütter Fragen nach der eigenen Zukunft, haben die Sehnsucht, sich Räume und Zeiten für die eigene Planung einfach nehmen zu können, ihr vielfältiges kreatives Potential zu entdecken und es nicht in der repetitiven Hausarbeit und der ständigen Fürsorge für ihr Kind untergehen zu lassen. Die zirkulierende Trauer löst die jeweils anstehenden Fragen zur autonomen Entwicklung aus, wird aber auch durch die Entscheidung zwischen Bezogenheit und Autonomie immer wieder ausgelöst.

Frau H. hatte das Gefühl, daß ihr Sohn sie letztendlich mit sich selbst konfrontierte. Sie beschrieb sich selbst als »handfest und zupackend« und daß sie »nicht gerne rumpsychologisiere«, sondern eine Frau sei, der es immer wichtig gewesen sei, etwas tun zu können. Daß dieses »Machen« bei ihrem Sohn für sie nicht möglich war, stellte ihr Lebenskonzept in Frage. Sie spürte die Angewiesenheit auf Entlastung, ahnte, daß sie durch ihre zupackende Tatkräftigkeit oftmals auch Schmerzen in ihrem Leben ausgewichen war. Sie sagte, daß sie sich der Behinderung gegenüber hilflos fühle, da ihre sonstigen Mechanismen versagten. Sie näherte sich vorsichtig dem hilflosen kleinen Mädchen in sich selbst, indem sie wahrnahm, daß sie in ihrer Kindheit häufig das Gefühl des Ausgeliefertseins hatte (beide Eltern waren Alkoholiker) und daß sie daraus den eisernen Willen entwickelt hatte, ihr Leben selbst in die Hand zu nehmen und aktiv zu sein. Manchmal hasse sie ihren Sohn dafür regelrecht, weil sie ihn als einziges lebendiges Fragezeichen in ihrem Leben empfinde. An ihm könne sie wohl »sehr gut üben«, immer wieder die Hände in den Schoß zu legen und einfach nichts zu tun, außer Schmerzen zu fühlen. Sie sagte dazu: »Ich befürchte, das hört nie auf, da ja die Behinderung bleibt.«

Frau H. spricht damit die ständige Herausforderung durch die Behinderung und indirekt den Prozeß der zirkulierenden Trauer an. Für sie bedeutet die neue, autonomere Lebensform, zu sich selbst neu in Beziehung zu treten und Hilflosigkeit, Schmerz und Angewiesenheit als integralen Bestandteil ihres Lebens zu betrachten.

Für Frau M. begann durch die zunehmenden Konflikte mit ihren Schwiegereltern eine Auseinandersetzung mit ihren Vorstellungen von Familie und von einer »guten« Mutter. Sie nahm sehr schmerzhaft wahr, daß sie gerne eine heile Welt gelebt hätte und daß ihre Bemühungen als Mutter Grenzen hatten. Diese veränderte Einstellung hatte zur Folge, daß sie offener wurde für Entlastungsangebote. So ging ihre Tochter einmal in der Woche zu einer Nachbarin, so daß sie sich Zeit für sich oder ihre anderen Kinder nehmen konnte. Die Beziehung zu ihrem Mann veränderte sich ebenfalls. Beide mußten sich nicht mehr so stark beweisen, alles optimal zu bewältigen. Ihre Beziehung wurde realistischer. Empfindungen wie »Ich kann nicht mehr« oder »Ich habe Angst zu versagen« konnten zwischen ihnen zur Sprache gebracht werden. Ganz allmählich löste sich Frau M. aus dem engen Familienverband, baute Freundschaften auf, so daß »frische Luft« in die Familie kam. Mit jeder neuen Beziehung tauchte für sie die Konfrontation mit der Behinderung erneut auf, ebenso mit ihrer Suche nach Identität als Mutter sowie ihren Ansprüchen an die Familie.

Die zirkulierende Trauer initiiert lebensgeschichtlich begleitend eine autonomere Entwicklung. Daß verhinderte Autonomieentwicklung sich belastend auf ein Individuum auswirkt, muß nicht betont werden. Die Gefährdung des lebensverändernden Prozesses der zirkulierenden Trauer durch soziale Faktoren wurde weiter oben schon erwähnt.

Bevor ich aber näher darauf eingehe, werde ich das Erleben der Mütter beschreiben, deren behinderte Kinder gestorben sind.

Exkurs: Wenn behinderte Kinder sterben

Trauern als Prozeß wird meist assoziativ mit Tod und Sterben verbunden. Ich möchte diese Verbindung von Tod und Trauer aufgreifen und Ausführungen darüber hinzufügen, was es für Mütter bedeutet, wenn ihre behinderten Kinder sterben.

Ich habe vier Jahre lang eine Gruppe »Verwaiste Eltern« begleitet, an der zum größten Teil Frauen teilgenommen haben, auf deren Erfahrung ich mich in diesem Zusammenhang beziehen möchte. Die verstorbenen Töchter und Söhne der Mütter (und Väter) waren behindert oder nichtbehindert, wobei es *keinen grundsätzlichen* Unterschied im Erleben der Trauer um den Tod bei den Müttern (und Vätern) gibt, der aus der Behinderung herrührt. Die Behinderung des Kindes bedeutet nach dessen Tod allerdings, daß noch zusätzliche Fragestellungen, Probleme und Belastungen hinzukommen. Ich werde daher zunächst kurz allgemein die Erfahrungen der Mütter nach dem Tod ihrer Tochter/ihres Sohnes beschreiben und dann auf spezifische Belastungen durch die Behinderung eingehen (vgl. Jonas 1989).

Der Tod des Kindes ist für Mütter (und Väter) ein traumatischer Einschnitt. Die Generationenfolge ist zerbrochen. Der Tod des Kindes verändert das Leben grundlegend. Danach ist nichts mehr, wie es vorher war, und es kann auch nicht mehr werden, wie es vorher war. In früheren Zeiten (oder eventuell heute noch in religiös geprägten, überschaubaren sozialen Strukturen), in denen der Tod noch mit gesellschaftlich akzeptierten Ritualen als Teil des Lebens betrachtet wurde und aufgrund einer hohen Kindersterblichkeit sehr viele Mütter betroffen waren, ist es für verwaiste Mütter (und Väter) vielleicht einfacher gewesen, anderen mitbetroffenen Müttern (und Vätern) zu begegnen und mit diesen ihre schmerzhaften Erfahrungen auszutauschen. Diese Möglichkeiten sind heute kaum noch vorhanden. Da der Tod aus dem Leben verdrängt wird, gefährdet dieser Verdrängungsprozeß auch die Zurückgebliebenen. D.h., den Müttern droht vielfach eine soziale Isolation, in der kein Raum mehr für den Tod des Kindes und die damit verbundene Trauer ist. Tod und Trauer, besonders wenn ein Kind gestorben ist, werden peinlich gemieden, und es wird erwartet, daß die Mütter wieder »zur Tagesordnung« übergehen, wieder »vernünftig« werden, nicht mehr weinen, trauern und verzweifelt sind.

Dieses soziale Verschweigen des Todes und der Trauer wirkt sich auf die Mütter in einer ungeheuren inneren Isolation und Sprachlosigkeit aus, wodurch sich ihre psychische Situation verschärft.

Das Trauma des Todes ihres Kindes droht desymbolisiert zu werden, weil der Tod und die Trauer nicht oder kaum in die Interaktion eingebunden werden können. Für die Mütter entsteht das Gefühl, daß ihr Kind durch das Verschweigen des Todes einen »zweiten Tod«, den sozialen Tod, stirbt. Die Trauer kann aufgrund zurückweichender Reaktionen der Umwelt nicht mehr mitgeteilt werden, wird daraufhin von Lebens- und Interaktionszusammenhängen abgespalten und somit zum innerpsychischen, »privaten« Problem der Mütter. Durch diesen Prozeß wird die Umwelt scheinbar entlastet, da die Mütter sich scheinbar »normalisiert« haben.

Die trauernden Mütter vereinsamen in ihrer Trauer. Die abgespaltene Trauer kann zu einem autonomen psychischen Komplex werden, der das gesamte Leben depressiv tönt.

In der Gruppe »Verwaiste Eltern« können der Tod des Kindes und die damit verbundene Trauer wieder ausgedrückt und mitgeteilt werden. Der Tod und seine Bedeutung werden resymbolisiert, für Gefühle kann eine Sprache gefunden werden, das Schweigen wird durchbrochen. Durch die gemeinsame Erfahrung fließt der Tod der Kinder in der Gruppe wieder in die Interaktion ein.

Die Mütter sprachen davon, daß ihnen nach dem Tod ihrer Kinder nichts anderes bleibt, als sich immer wieder die Geschichte ihres Kindes, seines/ihres Todes und die Geschichte ihrer Trauer zu erzählen, d.h., bewußt zu erinnern und diese Erinnerung mitzuteilen. Die Frauen, die dies sagten, hatten bereits lange Zeit in der Gruppe den Schmerz und die Verzweiflung um den Tod ihres Kindes ausgedrückt. Mich hat ihre Haltung sehr bewegt, da deutlich spürbar war, wie das Ausgeliefertsein an diese schreckliche Erfahrung im

Raum stand und gleichzeitig die Klarheit dieser Frauen, die den Schmerz als Realität ihres Lebens anerkannten. Es war für mich zu fühlen, daß ihre Kinder tot waren und gleichzeitig sehr lebendig, da die Bandbreite der Gefühle zu ihrem Kind und die Bandbreite ihrer Trauer in der Gruppe eine Gefühlssprache gefunden hatten.

Mit einer besonderen Gefühllosigkeit werden Mütter konfrontiert, deren behinderte Kinder gestorben sind. Die Umwelt reagiert auf den Tod eines behinderten Kindes häufig mit der Aussage, daß es »vielleicht besser« sei. Dieses »Es ist vielleicht besser so« läßt die Mütter verstummen, sie sind diesen Worten hilflos ausgeliefert und zu verletzt, um sich zu wehren. Die Mütter spüren den Bedeutungsgehalt dieser Worte. Sie erleben sie als Herabsetzung der Lebensform ihres Kindes. Zum einen empfinden sie, daß ihre Liebe zu ihrem behinderten Kind in Frage gestellt wird, denn wenn die Liebe zu ihrem Kind begriffen würde, könnten solche törichten Worte nicht gesagt werden. Zum anderen empfinden sie, daß die behinderte Lebensform ihres Kindes mit einem Begriff aus der deutschen Tradition, nämlich dem des »lebensunwerten Lebens« assoziiert wird.

Mit Behinderung zu leben, so wird implizit ausgedrückt, gilt als »lebensunwert«, Behinderung bedeutet Leid, Mitleid, Elend.

Der Tod des behinderten Kindes ist höchstens für die Umwelt, die solche Worte sagt, »besser«, aber weder für die Mütter (und Väter), die ihr Kind liebten, noch für das Kind, da es ein Mensch mit einer eigenständigen Lebensform war.

Mir erscheint es paradox, daß die elenden Lebensbedingungen von Menschen mit Behinderungen durchaus wahrgenommen werden, daß diese in Heimen ausgesondert leben, vom gesellschaftlichen Diskurs abgeschnitten sind. Nur werden die elenden Lebensbedingungen nicht auf die gesellschaftliche Ausschlußpraxis zurückgeführt und diese verändert, sondern die Lebensbedingungen werden aus der Behinderung begründet. Damit entzieht sich die derzeitige Gesellschaft der sozialen Verantwortung und macht Behinderung zum individuellen Schicksal und zum individualisierten Elend.

Die Mütter brauchen ihre ganze Energie, um mit dem Tod

des Kindes leben zu lernen, so daß sie oft nur verschreckt verstummen und keine Energie mehr haben, sich gegen solche Worte der Gefühllosigkeit zur Wehr zu setzen. Es dauert häufig sehr lange, bis die Mütter wütend auf solche Bemerkungen reagieren können.

Für Mütter, deren Kinder behindert waren und sehr jung gestorben sind, kann sich das Problem stellen, daß mit dem Tod des Kindes die Auseinandersetzung mit der Behinderung abgebrochen wird. Der Prozeß der Trauer und Autonomie, den ich im vorherigen Kapitel beschrieben habe, braucht meist bis zum erstmaligen Anerkennen der Unterschiedlichkeit und des Verlustes einen langen Zeitraum. Wenn das Kind stirbt, bedeutet dies für die Mütter, mit dem abgebrochenen Prozeß der Behinderungsbewältigung zu leben. Sie müssen sich mit der Realität der Behinderung auseinandersetzen und zusätzlich mit dem Tod des Kindes. In der Folge gelingt es Müttern manchmal, zwar von dem Tod des Kindes zu sprechen, aber nur ganz schwer von der Behinderung. Es werden zum Beispiel Photos gezeigt, auf denen die Behinderung nicht sichtbar ist. Oder es wird gesagt, daß das Kind »krank« war, wobei die Behinderung nicht realisiert wird.

Den Müttern kann klarwerden, daß ihnen die Zeit mit ihrem Kind gefehlt hat, die Realität der Behinderung anzuerkennen. Wenn dies nicht geschieht, wird das Verlusterleben infolge der Behinderung nach dem Tod abgespalten. Das Kind wird in der Phantasie heil. Die Verbindung zum Erleben der Behinderung kann in der Gruppe wiederhergestellt werden, wenn den Müttern wahrnehmbar wird, daß, wenn ihr Kind z. B. mit einem Gehirntumor überlebt hätte, dieses Kind schwerstbehindert gewesen wäre.

Behinderung als Selbstverständlichkeit zu betrachten kann auch für die Gruppe »Verwaiste Eltern« ein langer Prozeß sein. Ich habe Mütter (und Väter) nichtbehinderter Kinder erlebt, die auf die Behinderung gemäß der sozialen Tradition reagierten und meinten, daß der Tod dann »nicht so schlimm« sei. D. h., auch in einer Gruppe von durch den Tod des Kindes Gleichbetroffenen stellt sich ein Mitfühlen nicht automatisch ein. Die deformierende gesellschaftliche Bewertung bleibt auch in dieser Gruppe nicht »vor der Tür«. Über den Prozeß des Kennenlernens, des Sprechens, der Erarbeitung der Unterschiedlichkeiten im Umgang mit Tod und Trauer konnte auch die Behinderung des Kindes anerkannt werden, und es wurde deutlich, daß der Tod eines behinderten Kindes genauso furchtbar ist wie der eines nichtbehinderten Kindes. Indem Behinderung als Lebensform in der Gruppe anerkannt wurde, gelang es den Müttern, Wut, Zorn und Aggression aufzubauen, um sich gegen diskriminierende Bewertungen ihrer Kinder zu wehren und abzugrenzen.

Für die Mütter schwerstbehinderter Kinder liegt die Schwierigkeit darin, daß sie ihr Kind geliebt haben und durch seinen Tod grundlegend erschüttert sind, sich aber auch eingestehen, daß es für sie erleichternd ist, daß sie ihr Kind nicht mehr stundenlang füttern müssen, daß sie nicht mehr auf die tägliche Dosis an Medikamenten achten müssen, daß sie nicht mehr Angst haben müssen, weil ihr Kind krampft usw. D. h., daß die ungeheure Alltagsbelastung, die mit ihrem Kind verbunden war, entfällt.

Es ist schwer für die Mütter, diese Empfindungen zu äußern, da sie so gegensätzlich erscheinen. Sie haben Angst, daß solche Äußerungen Worte provozieren könnten wie »Das ist schon besser so« – was aber nicht stimmt und ihren Gefühlen nicht entspricht. Oder die Mütter haben Angst, als herzlos und gefühlskalt zu gelten.

Die Spannung, einerseits ihr Kind zu lieben, um es zu trauern und es zu vermissen, aber andererseits auch die Gefühle der Erleichterung zuzulassen, daß sie nicht mehr bis an die Grenzen ihrer Kraft durch umfassende Alltagsbewältigung belastet sind, gilt es für die Mütter auszuhalten, ohne die Spannung aufgrund von Schuldgefühlen zu leugnen. Diese gegensätzlichen Gefühle können als Ausdruck einer differenzierten Erinnerung begriffen werden, bei der die Entlastungserfahrung der Mütter nicht mehr geleugnet werden muß.

Diese Spannung wird verständlicher, wenn wir uns klarmachen, daß, wenn ein geliebter Mensch stirbt, ja nicht nur die geliebten Seiten dieses Menschen gestorben sind, sondern auch all die komplizierten, die Schattenseiten, mit denen wir uns schwergetan haben, die wir vielleicht sogar haßten. Nach Trennung und Tod geschieht es häufig, daß die geliebten Menschen idealisiert werden und wir die Schattenseiten »vergessen«. Wenn wir aber im Verlauf des Trauerprozesses zu einer differenzierten Erinnerung und einer realistischen Sicht des Menschen gelangen, werden wir feststellen, daß wir um den Menschen als Ganzes trauern, weil wir ihn/sie trotz, mit oder wegen der Schattenseiten liebten, daß wir aber auch Erleichterung empfinden, uns mit diesen komplizierten Seiten dieses Menschen nicht mehr auseinandersetzen zu müssen. Ich halte diese differenzierte Form der Erinnerung für unerläßlich, um sich von den Toten lösen zu können und Aspekte der Beziehung ins eigene Leben zu integrieren. Durch Sätze wie den, daß über Tote »nichts Schlechtes« gesagt werden darf, wird einer Gefühlsaufspaltung Vorschub geleistet: Nach außen wird die Idealisierung aufrechterhalten, die anderen Gefühle müssen verschwiegen werden.

Durch den Tod der behinderten Tochter/des behinderten Sohnes können bei den Müttern Gefühle aus dem Emotionskomplex der Behinderungsverarbeitung auftauchen. Als massivstes Gefühl seien Schuldgefühle genannt: Schuldgefühle, nicht genug für die Tocher/den Sohn getan zu haben, sie/ihn ins Heim gegeben zu haben, infolgedessen bei ihrem/seinem Tod nicht dagewesen zu sein, Schuldgefühle bezüglich verdrängter Todeswünsche, die durch den Tod nun Realität werden usw. Ggf. werden diese Schuldgefühle in andere projiziert: den gefühllosen Partner, der darauf drängte, die Tochter/den Sohn ins Heim zu geben, das Heim, das die Tochter/den Sohn nicht genügend versorgte, die ÄrztInnen, die nicht genügend getan haben. Die Projektion der Schuldgefühle kann eine Entlastungsfunktion haben, da somit auch die Wut indirekt geäußert werden kann. Es ist aber auch möglich, in Selbstbeschuldigungen zu verharren, wodurch die Wut verhindert und ein depressives Lebensgefühl bestimmend wird.

Es ist für die Mütter sehr wichtig, darum zu trauern, daß sie ihrer Tochter/ihrem Sohn etwas schuldig geblieben sind, was nicht mehr verändert werden kann.

Nach den Erfahrungen der Gruppe gelingt dies im Laufe des Trauerprozesses zu irgendeinem Zeitpunkt (wobei ich allerdings nach meiner Erfahrung hinzufügen möchte, daß ich die Schuldproblematik nach einem Suizid des Sohnes/der Tochter für kaum zu bewältigen halte).

Der Schritt aus diesen Schuldgefühlen erfolgt für die Mütter meist über die Empfindungen der Wut. Es ist die wütende Frage: »Warum mußtest du sterben?«, die wütende Anklage gegen vermeintliche oder tatsächliche Schuldige, die wütende Abgrenzung gegen alltägliche Taktlosigkeit und Gefühlskälte.

Bedroht ist nach dem Tod des Kindes häufig die Partnerschaft. Männer trauern tendenziell anders als Frauen, sie schweigen häufig. Aus diesen unterschiedlichen Trauerreaktionen können massive Ehekrisen erwachsen, da die Frauen den Männern unterstellen, daß sie nicht mehr trauern, daß sie gefühlskalt sind, und ihnen zum Vorwurf machen, daß sie scheinbar zur »Tagesordnung« übergehen, wobei sie häufig die Traueräußerungen der Partner nicht verstehen. Das Gespräch zwischen beiden ist abgerissen, da die und der jeweils andere in der eigenen inneren Verwüstung durch den Tod des Kindes zu versinken droht. Beide greifen auf die bisher gelebten, geschlechtsspezifischen Bewältigungsformen zurück, die aber in dieser Situation versagen. Die Folge ist, daß beide in der Beziehung vereinsamen, wodurch eine wechselseitige Enttäuschung erlebt wird.

So kann es geschehen, daß ein Mann äußerlich völlig ruhig und gelassen dem Alltag nachgeht, nicht mehr von dem gestorbenen behinderten Sohn oder der Tochter spricht und vielleicht der Frau nur noch über Zettel seine Trauer mitteilen kann. Die Frau ist über seine »Kälte« entrüstet und versteht diesen Ausdruck der Trauer nicht, versteht nicht die völlige Unfähigkeit des Mannes, über den Tod zu sprechen.

Oder der Partner kann relativ schnell Photos wieder anschauen, in Urlaub fahren und von dem Sohn/der Tochter erzählen, sich erinnern – an schöne und an schwere Zeiten. Die Frau empfindet das als unerträglich, weil sie bei den Photos vor Schmerz aufschreien könnte, weil sie sich unfähig fühlt, das Bett zu verlassen, und weil nur noch der Tod in ihr ist und sonst nichts mehr. Diese Frauen empfinden eine grenzenlose Wut auf die Partner, da sie das Gefühl haben, daß der Schmerz herzlos weggeschoben wird.

Die Mütter und Väter sind vom Tod der Kinder beide tief betroffen, nur können sie sich gegenseitig nicht unterstützen, da sie beide völlig unter dem traumatischen Einschnitt leiden. Erschwert wird dies durch die unterschiedliche Ausdrucksform der Trauer, die die Partnerschaft derartig belastet, daß die meisten Beziehungen nach dem Tod der Tochter/des Sohnes vom Scheitern bedroht sind (auch bei dem Tod nichtbehinderter Kinder).

In dem Zusammenhang finde ich es immer wieder bedauerlich, daß es meist die Frauen sind, die die Möglichkeit wahrnehmen, ihre Trauer z. B. in der Gruppe zur Sprache zu bringen. Es wäre nach meinem Dafürhalten wünschenswert, wenn auch zunehmend die Männer in die emotionale Verantwortung für sich selbst und für die Partnerschaft gingen und sich ebenfalls Möglichkeiten der aktiven Trauerarbeit suchten.

Als zusätzliche Belastung kann nach dem Tod des Kindes für die Partnerschaft hinzukommen, daß, als das Kind noch lebte, die Mütter und Väter durch die Alltagsbelastung infolge der Behinderung so absorbiert waren, daß sie schon lange Zeit die Konflikte der Beziehung nicht mehr ausgetragen haben. Wenn nun das Kind stirbt, bricht zusätzlich zur Trauer diese oft jahrelang verschwiegene Konflikthaftigkeit der Beziehung auf. Die Entfremdung kann als so groß erlebt werden, daß eine Trennung sinnvoller erscheint. Die jahrelange Arbeit der Mütter kann an einem solchen Punkt zu deren Falle werden, da oft eine Trennung aus ökonomischen Gründen fast unmöglich erscheint. Vielleicht haben sie ihre Ausbildung abgebrochen. Auf alle Fälle üben sie seit Jahren nicht mehr ihren Beruf aus, finden nur schwer wieder einen Berufseinstieg, verfügen nicht über ein eigenes Einkommen, um sich den Lebensunterhalt selbst zu finanzieren.

Manchmal gelingt den Frauen wieder der berufliche Einstieg. Die eigene finanzielle Absicherung wird als eine sehr wichtige Form der Freiheit begriffen, die ihnen die Entscheidung ermöglicht, bei ihren Partnern zu bleiben oder sich zu trennen. Andere Frauen – gerade bei abgebrochener Berufsausbildung und jahrzehntelanger Versorgung der behinderten Tochter/ des behinderten Sohnes – schaffen diesen Sprung in die Erwerbstätigkeit nicht. Wenn dann Drohungen der Partner hinzukommen, z. B. wegen der eklatanten Verschuldung Mittel und Wege zu finden, den Frauen keinen Unterhalt zu zahlen, sind die Frauen fast aussichtslos in einer von ihnen als zerstörend empfundenen Beziehung zu ihrem

Partner gefangen. Je nach sozialem Hintergrund wird der ökonomische Ausweg über das Sozialamt als so beschämend und erniedrigend erlebt (und so werden Menschen auf Sozialämtern ja auch oft behandelt), daß die Frauen davon bedroht sind, sich selbst aufzugeben. Es ist an diesem Punkt wiederum nicht die Trauer, die die Frauen bedroht, sondern ihre soziale Situation als Frauen in unserer Gesellschaft.

Die Mütter in der Gruppe stellten immer wieder die Sinnfrage nach dem Tod des Kindes (ob behindert oder nichtbehindert). Diese Frage kann im Grunde nicht beantwortet werden, da der Tod per se keinen Sinn hat. Eine Sinngebung erfolgt sekundär und äußert sich darin, daß die Mütter sagen, daß sie sich nach dem Tod ihres Kindes grundlegend verändert haben und nicht mehr so sein möchten, wie sie vorher waren. Es ist eine tiefgreifende, die ganze Persönlichkeit, das Leben insgesamt umfassende Veränderung. Sie wird durch den Tod des Kindes eingeleitet, doch wären die Mütter den Weg der Veränderung von Herzen gern ohne den Tod des Kindes gegangen.

Die Frauen werden autonomer, selbstbewußter, können sich besser gegen die Ansprüche der Umwelt oder in der Partnerschaft abgrenzen. Sie sagen, daß ihnen das Schlimmste im Leben passiert sei, daß nämlich ihr Kind gestorben ist. Und da ihnen nichts Schlimmeres mehr passieren kann, können sie selbstbewußter leben.

Eine Mutter sagt, daß sie sich als Persönlichkeit durch den Tod ihrer Tochter völlig verändert habe. Sie grenze sich gegen ihren Mann ab, sie sei wieder berufstätig geworden, halte nichts mehr von diesen »hohlen Sonntagnachmittags-Pärchen-Kaffeekränzchen«, sondern suche heute die Begegnung mit Menschen. Sie lasse Menschen, die sich gegen Behinderte äußern, heute stehen und wolle mit diesen nichts mehr zu tun haben, sie sei auch nicht mehr bereit, deren Gefühllosigkeit auf deren biographischem Hintergrund zu verstehen. Durch all diese Veränderungen wirke ihre Tochter weiter in ihr Leben hinein und liebe über ihren Tod hinaus Persönlichkeitsseiten aus ihr heraus. Auch daß sie in der Gruppe »Verwaiste Eltern« sei und Kontakt zu anderen Menschen habe, deren Kinder gestorben sind, betrachte sie als ein Weiterleben ihrer Tochter in ihrem jetzigen Leben.

Auch die Mütter, deren Kinder gestorben sind, machen die Erfahrung, daß die Trauer um den Tod ihres Kindes nicht abzuschließen ist, sondern daß sie sich immer wieder auf die zirkulierende Trauer einlassen müssen, da in dem Zugehen auf den Tod, im Erinnern und im Zulassen der Trauer die verändernde Kraft liegt. Es ist das Anerkennen, daß es keine Heilung gibt und daß der Schmerz integraler Bestandteil des Lebens ist. Die Lebensfreude, die irgendwann wiedergewonnen wird, und die Verzweiflung über den Tod des Kindes schließen sich nicht aus, sondern sind in diesem Nebeneinander auszuhalten. Es bleibt die Sehnsucht nach dem Kind und das eigene Weiterleben.

Auch wenn das Kind gestorben ist, ist es ebenso wie bei einer Behinderung möglich, daß der Trauerprozeß der Mütter gefährdet ist, daß die zirkulierende Trauer zu einer chronischen wird. Die Elemente dieser Gefährdung des Trauerprozesses will ich im folgenden Kapitel beschreiben.

5
Die Unzumutbarkeit einer sozial arrangierten Abhängigkeit

Die Lebensbeschreibungen der verschiedenen Mütter, die ich vorgestellt habe, lassen erkennen, daß die Behinderung einen Prozeß auslöst, der das gesamte Leben der Mütter umfaßt und zu Veränderungen führt, die auf das Kind, auf die Identität der Frauen und auf ihr soziales Erleben gemäß den entsprechenden Verlustkomplexen (vgl. Kap. 3) bezogen sind. D. h., den jeweils ausgelösten Veränderungsprozeß gilt es für jede Frau und mit jeder Frau individuell zu erarbeiten.

Nun ist jedoch zu fragen, wie es zu diesen erheblichen psycho-physischen Belastungen, der erhöhten Nähe zur psychischen Erkrankung (vgl. Romans-Clarkson u. a. ebd.), psycho-somatischen Erkrankungen, ggf. Alkohol- und Tablettenkonsum (vgl. Fröhlich ebd.) und erhöhten Streßgefühlen (vgl. Kniel ebd.) kommt, auf die ich in Kapitel 3 schon anhand der empirischen Untersuchungen aufmerksam gemacht habe.

Eine Antwort auf diese Frage ist sicherlich, daß Trauerprozeß und Autonomieentwicklung für die Frauen kein »leichter« Prozeß ist, sondern sie bis an den Rand der psycho-physischen Erschöpfung bringt. Trauer ist psychische Schwerstarbeit.

Weil dieser Prozeß so schwer zu bewältigen ist, gilt es, das mögliche Scheitern unter dem Aspekt der chronischen Trauer herauszuarbeiten (vgl. Howe/Ochsmann 1985). Ich möchte aber anmerken, daß die Grenzen zwischen zirkulierender Trauer und chronischer Trauer fließend sind und daß ich vor einer vorschnellen Pathologisierung warnen möchte.

Behinderte Kinder – behinderte Mütter?

Wenn die Kennzeichen der chronischen Trauer
- keine Bindung an andere Familienmitglieder,
- außerordentlich enge Bindung an die verlorene Person,
- ambivalente Beziehung zu der verlorenen Person,
- Nicht-traurig-sein-Dürfen (vgl. Bowlby 1982, 1983; Bojanovsky 1985; vgl. Jonas 1990),

sinnverstehend für die Mütter behinderter Kinder ausgeführt werden, ergibt sich für diese eine eklatante Gefährdung des individuellen Trauerprozesses.

Die sozialen Bedingungen ergeben sich aufgrund der geschlechtsspezifischen Arbeitsteilung. Im Sinne der »Mutterideologie« sozialisiert, ist es möglich, daß sich die Mütter die Trauer über den durch die Behinderung erlebten Verlust nicht erlauben oder aber von der Umwelt nicht gestattet bekommen. Der kindzentrierte Verlust kann zwar noch wahrgenommen werden und wird sowohl sozial als auch psychisch anerkannt. Der identitätszentrierte und der sozialzentrierte Verlustkomplex werden allerdings im Selbsterleben und/oder durch die soziale Umgebung ausgeblendet.

Die Mütter sind oft nach außen starke Mütter, die ihr Kind versorgen, die leiden, ohne zu klagen, die ihre Autonomie zum »Wohle« des Kindes opfern, die sich in einem schwer entwirrbaren Feld von verinnerlichten Einstellungen und äußeren Anforderungen keine eigene Entwicklung zugestehen. Sie glauben, »keine Berechtigung« zu haben, über den identitätszentrierten und den sozialzentrierten Verlust zu trauern. Diese Haltung kann beispielsweise aus einem weltanschaulich-religiösen Hintergrund erwachsen oder aus der Übernahme einer stark ausgeprägten tradierten Mutterrolle.

Eine andere soziale Bedingung ergibt sich aus der überaus engen Bindung der Mütter an ihre behinderten Kinder, die aus der alleinigen Verantwortung für Pflege und Fürsorge entsteht. Da die Mütter ihre reale psycho-physische Überlastung und den sozialzentrierten Verlust tendenziell wahrnehmen, spüren sie das Bedürfnis, sich aus der Bindung zum Kind zu lösen. Daraus ergibt sich ein ambivalentes Gefühl gegenüber dem Kind. Autonome Entwicklung, für die die Mütter Zeit und Raum brauchten, ist unter den Bedingungen der privatisierten Mutterschaft jedoch fast zwangsläufig mit einer Verringerung der Zuwendungsmöglichkeiten zum Kind verbunden, ohne daß dafür eine zufriedenstellende soziale Verantwortung übernommen wird. Für eine über die Familie hinausgehende soziale Verantwortung gibt es keine verbindlichen und verläßlichen Formen. Wenn die Mütter solche Entlastungen organisieren oder in Wohngemeinschaften leben, basiert dies auf Freiwilligkeit, die jederzeit beendet werden kann. Dies führt bei den Müttern zu großen Verunsicherungen, da sie auf dauerhafte und zuverlässige Mitverantwortung angewiesen sind, um die konflikthafte Beziehung zum Kind lösen zu können. Die Mütter verbleiben daher vielfach in dieser engen und ambivalenten Bindung zum Kind und geben aus Schuldgefühlen häufig ihre autonomen Bestrebungen auf.

Die Entwicklung der Autonomie hat größere Realisierungschancen, wenn andere Bindungen zu Familienmitgliedern oder zu anderen Menschen vorhanden sind.

Die Beziehung zur Herkunftsfamilie ist häufig durch ungelöste Bindungen aus der eigenen Kindheit belastet. Die traditionelle Familienstruktur, heute meist Mann, Frau und ein bis zwei Kinder, ist von der Personenzahl zu gering und nicht tragfähig genug, um dauerhaft autonome Entwicklung zu ermöglichen. Der Bezugskreis der Menschen, die emotionale und praktische Hilfe geben können, muß dementsprechend erweitert werden. Daher spreche ich von sozialen Ressourcen der Mütter.

Wenn solche sozialen Ressourcen, also Menschen, die emotionale und praktische Verantwortung übernehmen, nicht oder zu gering vorhanden sind bzw. die Mütter zu geringe Bindungen zu anderen haben, dann bleibt die tägliche Fürsorge für das behinderte Kind alltägliche Zumutung und Überforderung für die Frauen.

Damit schließt sich für die Mütter ein Teufelskreis: Zu geringe soziale Ressourcen verstärken die enge Bindung an das Kind, potenzieren die Ambivalenz der Mütter, so daß sie sich die Trauer eventuell nicht mehr gestatten, da sie das Gefühl haben, daß ihre Realität damit unerträglich würde. Die Trauer löst sich durch Verdrängung jedoch nicht auf, sondern manifestiert sich als chronische Trauer. Aus den Müttern behinderter Kinder drohen »behinderte Mütter« zu werden.

In der Beratungsstelle machte ich die Erfahrung, daß die Mütter in solchen Situationen meist sehr isoliert sind, sie kennen niemanden, dem sie ihr Kind geben können, haben kaum freundschaftliche Beziehungen und nur geringe Unterstützung aus der Herkunftsfamilie. So äußern Frauen z.B. die Angst, daß ihre eigenen Mütter ihnen die Kinder entfremden wollen. Oder aber das Kind wird zum einzigen Menschen, von dem die Frauen das Gefühl haben, daß sie/er zu ihnen gehört.

Die Partner der Frauen z.B. ignorieren die Belastungen, indem sie rigoros von ihnen verlangen, daß sie neben der aufwendigen Pflege des Kindes und den häufigen Terminen noch den ganzen Haushalt erledigen, Wäsche waschen, kochen, für sie da sind.

Ich habe die Isolation dieser Frauen als bedrückend erlebt. Meist hatten sie schon vor der Geburt des Kindes wenig soziale Kontakte, die sich in der Folgezeit noch stärker reduzierten bzw. überhaupt nicht mehr vorhanden waren. Die anonymen Lebensbedingungen in Wohnsilos oder Wohnsiedlungen, die tagsüber wie ausgestorben wirken, verschärfen die Ausgrenzung der Mütter. Die emotionale und praktische Unterstützung für diese Mütter tendiert gegen Null. Sie verschleißen sich in der täglichen Fürsorge, haben das Gefühl von Sinnlosigkeit und Erschöpfung. Sie führen ein Schattendasein am Rande der Gesellschaft mit geringsten Interaktionsmöglichkeiten.

Diese Frauen machen ihren Kindern mehr oder minder offen den Vorwurf, daß sie ihr Leben verdorben haben. Sie empfinden Aggressionen gegen ihr Kind, erlauben sie sich aber nicht oder bringen sie eventuell subtil zum Ausdruck, z.B. durch hygienische Vernachlässigung. Ihre Grundstimmung ist depressiv. Sie fühlen sich ohnmächtig und gefangen in ihren Aufgaben. Sie haben das Gefühl, nichts verändern zu können, sie spüren keine Sehnsucht mehr, erwarten nichts mehr vom Leben und fühlen sich von ihrer Lebendigkeit abgeschnitten. Diese Frauen lassen das Leben nur noch über sich ergehen. Es gibt Mütter, für die aufgrund der sozialen Anforderungen und des verinnerlichten Selbstbildes als Mutter die Ambivalenz gegenüber dem Kind so unerträglich ist, daß sie sie nicht aushalten können und die »Flucht in die Geschäftigkeit« antreten. Diese Geschäftigkeit dient dann nicht dazu, den Verlust rückgängig zu machen, sondern ist als Signal an die Umwelt zu verstehen, daß eine Mutter, die so überaus aktiv für ihr Kind ist, ihr Kind doch lieben muß. Die Aktivität bekommt den Stellenwert eines Gradmessers für Liebe. Weder in der Mutter noch bei anderen dürfen Zweifel an der Liebe zum Kind aufkommen.

Das große persönliche Leiden dieser Frauen bestimmt sich auch daraus, daß ihnen keine sozial anerkannte Alternative als Lebensmodell zur Verfügung steht (vgl. Kap. 1 und 2), mit der sie sich ihr »Heimatrecht« in dieser Gesellschaft sichern könnten.

Fehlende soziale Ressourcen (Kniel, ebd., spricht von dem notwendigen »sozialen Netzwerk«) und aufgrund dessen unterbleibende autonome Entwicklung können im psychischen Erleben der Mütter rückgekoppelt werden und sich als Chronifizierung der Trauer auswirken.

In der Beratung konnte ich die Erfahrung machen, daß bei den Müttern die Entwicklung autonom verlaufen kann und die zirkulierende Trauer integriert wird, die über genügend soziale Kontakte verfügen, die in Wohngemeinschaften leben oder in einem verbundartigen System der Familie, deren verwandtschaftliche Ressourcen also groß sind und die ein hohes Maß an emotionaler und praktischer Unterstützung erhalten. Wenn die verwandtschaftlichen Beziehungen jedoch belastet sind, erweist sich dies als problemverschärfend. Ebenso habe ich die Erfahrung gemacht, daß Frauen, die sich in der Beratung auf ihren Trauerprozeß einließen, häufig die engen Familienstrukturen erweiterten und sich ein soziales Netzwerk aufbauten, um Entlastung und Hilfestellung zu sichern.

Je isolierter die Mütter lebten und je vollständiger sie versuchten, ihre Mutterrolle auszufüllen, desto gefährdeter erlebte ich ihre Lebenssituation.

Wenn die Mütter den Trauerprozeß immer wieder verdrängen, hat dies zur Konsequenz, daß sie lebensgeschichtlich fortlaufend auf autonome Entwicklung verzichten und/oder verzichten müssen und daher eine permanente Reproduktion ihrer selbst als Mütter eines »Kleinkindes« (oder »Säuglings«) und als »behinderte« Mütter erleben. Diese Wiederholung hat schwerste psycho-physische Konsequenzen, von denen ich eingangs des Kapitels und in Kapitel 3 gesprochen habe. Die Folgen werden weitgehend mit dem Kind verknüpft, da durch die Behinderung des Kindes dieser Prozeß bei den Frauen ausgelöst wird. Die Geburt des Kindes und die damit verknüpften Erfahrungen bleiben traumatisches Lebensthema.

Wenn aus Müttern behinderter Kinder »behinderte Mütter« werden, so ist dies primär als Auswirkung der privatisierten Mutterschaft zu verstehen. Es ist Folge davon, daß Frauen die alleinige Verantwortung für ihre Kinder und die daraus resultierende Arbeit mit allen Konsequenzen aufgebürdet wird und keine soziale Verantwortung, sondern lediglich soziale Kontrolle für Mutterschaft und Kindheit übernommen wird, so daß die Mütter nur geringe Chancen zur autonomen Entwicklung haben.

Der individuelle Prozeß der Mütter verweist in die gesellschaftliche, politische Richtung. Es gilt, Strukturen zu verändern, Impulse zu geben, um den Frauen andere Lebensperspektiven zu eröffnen, damit die Auswirkungen der Behinderung des Kindes nicht weiter auf Kosten der Mütter privatisiert bleiben.

Prüfsteine der sozialen Veränderung

Um die Mütter behinderter Kinder nicht weiterhin gesellschaftlich im Stich zu lassen, stellt sich die Frage, wie soziale Verantwortung für Mutterschaft und Kindheit übernommen werden kann, so daß die Frauen durch ein genügend großes soziales Netzwerk Unterstützung in dem psycho-physischen Prozeß der Trauer erhalten bzw. damit sie selbstbestimmt autonome Lebensentwürfe planen und realisieren können.

Die Frauenbewegung und die feministische Forschung haben schon häufig darauf hingewiesen, daß die soziale Institution Familie nur auf Kosten der Frauen möglich und mit deren Unterdrückung verbunden ist (vgl. Chodorow ebd.). Die Forderung der Frauenbewegung nach Auflösung der Kleinfamilie begründet sich aus der Unzumutbarkeit der Beziehungs- und Versorgungsarbeit für einen einzigen Menschen –

für die Mutter. Die Unzumutbarkeit der alltäglichen Mutterarbeit bekommt eine unvorstellbar große Dimension durch die Geburt eines behinderten Kindes. Ein Ausprobieren von neuen Wohn- und Lebensformen, verbunden mit der Forderung nach Auflösung der heterosexuellen Kleinfamilie sowie die Aufhebung der geschlechtsspezifischen Arbeitsteilung sind erforderlich und notwendig. Doch bei aller Notwendigkeit ist es eine Utopie, die mittel- und kurzfristig an der Situation der Mütter behinderter Kinder nichts verändert. Es ist auch nicht damit zu rechnen – und es wäre für die Mütter mit behinderten Kindern wegen der alltäglichen Arbeitsbelastung auch kaum leistbar –, daß die Mütter in einen massenhaften Streik treten, um gegen die Unzumutbarkeit der alltäglichen Ausbeutung und Perspektivlosigkeit zu protestieren und soziale Veränderungen zu erringen. Es würde sich wohl auch keine Gewerkschaft finden, die die Mütter in dieser Zeit aus einer Streikkasse finanzieren würde. Mütter sind in ihrem Arbeitsbereich völlig ungeschützt und über die Versorgung der Kinder erpreßbar.

Es fragt sich, was zu tun ist, um nicht zwischen realer Hilflosigkeit und politischer Utopie zu resignieren.

Als Prüfstein der mittel- und kurzfristigen Konzepte muß gelten, inwieweit diese Konzepte der Autonomieentwicklung der Frauen nutzen, so daß die Mütter der behinderten und schwerstbehinderten Kinder nicht hinter die derzeitige gesellschaftliche Entwicklung der Frauen in unserer Gesellschaft zurückfallen.

Da die Mütter wegen der Behinderung des Kindes häufiger und länger Kontakte zu Institutionen haben als andere Mütter, kommt den Institutionen eine herausragende Bedeutung zu. Zudem sind diese in unserer Gesellschaft die etablierte Form der sozialen Verantwortung, dienen bisher aber letztendlich der sozialen Kontrolle des Kindes und der Mutter.

Nach der Geburt des behinderten Kindes ist der traumatische Einschnitt in ihrem Leben für Mütter noch sehr bewußt und wird noch relativ wenig verdrängt. Hinzu kommt, wie Bowlby (1982) deutlich macht, daß Mütter und Väter in der ersten Zeit der Elternschaft ihre Gefühle noch offener zum Ausdruck bringen als später und noch eher bereit sind, Unterstützung zu akzeptieren.

Aus diesem Begründungszusammenhang heraus läßt sich die Bedeutung der Frühberatung neu bestimmen. An der Institution Frühberatung will ich exemplarisch mögliche Veränderungen zugunsten der Mütter aufzeigen, die als Prüfsteine einer veränderten sozialen Einstellung gegenüber Müttern betrachtet werden könnten.

In der Frühberatung kann es eben nicht um eine möglichst frühe und mengenmäßig verdichtete Förderung und Therapie für das Kind gehen, sondern es gilt, die Mütter in der Bewältigung des Traumas der Behinderung zu begleiten und ein Beziehungsangebot zu machen, in dem Trauerprozeß und Autonomieentwicklung in der Interaktion erlebbar werden, zur Sprache kommen können und nicht verdrängt werden müssen. Wenn dies als pädagogisches Selbstverständnis anerkannt wird, erübrigt sich im Grunde der Hinweis, den ich aber dennoch hervorheben möchte, daß es in diesem Beratungsangebot nicht darum geht, den Trauerprozeß der Mütter zu begleiten, damit sie »bessere Mütter« werden, sondern Mittelpunkt ist die *Verbindung von Trauerprozeß und Autonomieentwicklung* der Mütter als konflikthaftes Erleben und belastungstypischer Prozeß nach der Geburt eines behinderten Kindes. D. h., Maßstab und Richtschnur des Handelns und Begleitens ist die autonome Entscheidung der Mütter, wodurch die Grundlage für Beziehung und Dialog geschaffen wird.

Welche Voraussetzungen müssen für die Verwirklichung des dialogischen Prinzips gegeben sein? Als wichtigste Bedingung ist gemäß dem feministisch-psychoanalytischen Ansatz für die konkrete Arbeit zunächst die Selbstreflexion der Professionellen zu nennen. PädagogInnen und TherapeutInnen müssen sich sowohl subjektiv persönlich als auch theoretisch sowie in berufsbegleitender Reflexion mit ihren Vorstellungen von Mütterlichkeit auseinandersetzen, da der »gesellschaftliche Verblendungszusammenhang« (vgl. Lorenzer ebd.) auch im subjektiven Erleben der Professionellen verankert ist. Es geht nicht an, daß Mütter in der Frühberatung mit tradierten Ideologien und gesellschaftlichen Standards der Mütterlichkeit überfrachtet werden, die ihre Schuldgefühle verstärken, sie weiterhin für ihr Kind funktionalisieren und instrumentalisieren und sie zum »Suppentopf« für Methodenstreits in Pädagogik und Therapie machen.

Die Kompetenz für das Kind liegt bei der Mutter, und ich halte es für Professionelle für durchaus vertretbar, wenn diese die Aufarbeitung der Verunsicherung übernehmen (denn Fachleute können sich Supervision holen, Mütter nicht), statt die Mütter zu verunsichern. Nicht zu »wissen«, was und wie mit dem Kind zu arbeiten ist, kann von PädagogInnen und TherapeutInnen im Beratungsdialog thematisiert werden, wodurch das kindzentrierte Verlusterleben der Mütter, ihre Verunsicherung durch die Behinderung und die Notwendigkeit, das Kind kennenzulernen und zu ihm in Beziehung zu treten, zur Sprache kommen können.

Neben der fördernden Beziehung zu dem Kind als pädagogisch-therapeutischer Prozeß ist den Müttern ein eigenständiges Beratungsangebot zu machen, in dem Raum für ihr Erleben und ihre Entwicklung ist, in dem ihre Erfahrungen autonom und gleichberechtigt zum Ausdruck kommen können. Dabei müssen flexible Modelle angeboten werden, in deren Rahmen sich Beziehung und Dialog mit den Müttern entwickeln können. In der Beratung muß Zeit und Raum sein, damit die Mütter ihrer Erschütterung Ausdruck geben können, Einbrüche, »Rückfälle« erlebbar werden. Beratung bedeutet eben nicht, von einem »gradlinigen Verlauf« der Entwicklung auszugehen, sondern mit den Müttern immer wieder ihr Erleben zu thematisieren und ihre Realitätsprüfung zu begleiten. Dieser Prozeß braucht Zeit, sehr viel Zeit sowie die erfahrbare Beziehung und Interaktion. Es ist, glaube ich, verständlich, daß ich unter diesen Aspekten Methoden ablehne, die sozial-technologisch manipulativ sind.

Dieses am Erleben der Frauen orientierte Konzept würde nach meinem Dafürhalten die Ambivalenzaufspaltung zwischen den »guten« therapeutischen/pädagogischen »Müttern« und den »schlechten« realen Müttern erheblich mildern. Die PädagogInnen und TherapeutInnen könnten reflektierend aus dieser Ambivalenzaufspaltung heraustreten und beispielsweise das damit verbundene identitätszentrierte Verlusterleben der Mütter, ihre Fremdbestimmung, das Erschrecken, Mutter eines behinderten Kindes zu sein, thematisieren.

Ein weiterer Punkt der Reflexion ist die Aufspaltung in bezahlte und unbezahlte Frauenarbeit gemäß dem Doppelstandard von Arbeit und Liebe (vgl. Kap. 2), da in der Frühberatung meist Pädagoginnen und Therapeutinnen mit den Müttern zusammenarbeiten.

Die Arbeit der Therapeutinnen und Pädagoginnen wird als Arbeit gesehen und bewertet. Sie ist vertraglich geregelt mit festen Arbeitszeiten, Gehaltszahlungen, Urlaubsanspruch, Renten- und Sozialversicherung. Die Arbeit der Mütter mit dem Kind, die Förderung und Therapie, die sie zu Hause durchführen, wird als Liebe bewertet. Zur Durchsetzung des institutionellen Auftrags der Frühförderung werden die Mütter gebraucht, die ihre autonome Entwicklung z. B. qua Berufstätigkeit aufgegeben haben oder aufgeben, um die Förderung ihres Kindes zu übernehmen. Damit findet eine Autonomieaufspaltung statt. Die soziale Autonomie der PädagogInnen/TherapeutInnen gründet auf der psychischen und sozio-ökonomischen Abhängigkeit der Mütter.

Diese Aufspaltung in bezahlte und unbezahlte Frauenarbeit, die Auswirkungen auf die Autonomieentwicklung und soziale Integration gilt es anzusprechen und offenzulegen. Dies kann der Ansatz sein, das sozialzentrierte Verlusterleben der Mütter in den Mittelpunkt zu stellen und zu beleuchten, um der Aufspaltung in bezahlte und unbezahlte Frauenarbeit und der damit verbundenen Entsolidarisierung der Frauen entgegenzuwirken.

Im Sinne einer Frühberatung stünde das Leben der Mütter im Mittelpunkt: die traumatische Bedeutung der Behinderung, sie selbst als Personen, das Sichtbar-Machen ihrer tatsächlichen Arbeitsleistung sowie Fragen nach den individuellen und sozialen Folgen ihres Handelns. Ebenso könnten deformierende gesellschaftliche Strukturen punktuell zur Diskussion gestellt werden, so daß zwischen individuellen und sozialen Faktoren unterschieden werden könnte.

Dies ist nach meiner Auffassung ein eigenständiges pädagogisches Profil der Frühberatung: Die PädagogInnen bieten eine reflektierte authentische Beziehung, in der das Erleben und die Situation der Mütter in das Sprachspiel der Beziehung genommen werden. Diese Begleitung von Entwicklung beschädigter Identität bei den Müttern wäre im Rahmen der Frühberatung in den interdisziplinären Diskurs einzubringen, um den »fördernden Dialog« zwischen den medizinisch-therapeutischen Disziplinen und der Pädagogik zu beginnen.

Der therapeutische Arbeitsbereich gestaltet sich, ausgehend von Beziehungsgesichtspunkten, unter miserablen Bedingungen. Eine therapeutische Behandlungseinheit dauert eine Dreiviertelstunde, maximal eine Stunde. Wenn eine Pädagogisierung der therapeutischen Arbeit stattfinden soll, so daß die Beziehung und Interaktion zum Kind und zur Mutter im Mittelpunkt stehen, bedeutet dies, daß TherapeutInnen, um kostendeckend zu arbeiten, Beziehung im Dreiviertelstunden-Takt anbieten müssen. Das ist Fließbandarbeit mit Menschen. Insofern sind die Therapieeinheiten durchaus systemfunktional im Sinne des Reparaturbetriebes. Um die Arbeit – auch emotional – überhaupt verkraften zu können, ist es möglich, daß TherapeutInnen sich auf die gelernte funktionale Therapie zurückziehen, ein Selbstschutz, der nur zu verständlich ist. Gleichzeitig werden über die funktionale Therapie die Mütter aber wiederum funktionalisiert und instrumentalisiert. Damit bleibt alles bei der sozialen Kontrolle und Verwertbarkeitsförderung.

Um diesen institutionalisierten Kreislauf, der zum Schaden der Mütter (und des Kindes) existiert, zu durchbrechen, brauchen wir dringend die pädagogische Initiative im interdisziplinären Dialog, eine Initiative, die entschieden für eine Veränderung der Bedingungen von der Frühförderung hin zu einer Frühberatung streitet. Frühberatung als institutionalisierte Form der sozialen Arbeit muß verändert werden, um für Mütter zur autonomiefördernden Institution zu werden. Prüfsteine ergeben sich aus dem Weg von einer sozialen Kontrolle zur sozialen Verantwortung.

Autonomie zu thematisieren bedeutet, nicht nur die psychische Seite des Prozesses in den Dialog einzubringen, sondern auch die sozialen Bedingungen. Es muß Raum sein, mit den Müttern ihre Isolation zu besprechen, soziale Ressourcen zu entdecken, die noch vorhanden sind oder aufgebaut werden können. Wünsche nach sozialer Integration über Berufstätigkeit und die dadurch ausgelösten Schuldgefühle könnten thematisiert und Veränderungen unterstützt werden.

Frühberatungsstellen müßten zu diesem Zweck z. B. eng mit familienentlastenden Diensten kooperieren, wobei diese dahingehend umstrukturiert werden müßten, daß die Mütter die Dienste als Gegenleistung für ihre Arbeit mit dem Kind über einen selbstbestimmten Zeitraum und zu einem selbstbestimmten Zweck zur Verfügung gestellt bekommen.

Ebenso muß die Aufnahme von behinderten Kindern in Kinderkrippen, Krabbelgruppen und Kindertagesstätten zu einem selbstverständlichen Recht der Kinder und Mütter werden. Dafür müssen von staatlicher Seite genügend Plätze in diesen Einrichtungen geschaffen werden. Frühberatungsstellen haben zwecks Unterstützung mit diesen Institutionen zusammenzuarbeiten und die Nichtaussonderung von Kindern mit Behinderung sicherzustellen, da die Integration der Kinder ein Baustein zur sozialen Integration der Mütter ist.

Frühberatung, konzipiert als Übernahme der sozialen Verantwortung, kann einfach keine Tätigkeit sein, die in Fördereinheiten und Förderplänen im Dreiviertelstundentakt organisiert ist, sondern braucht ein Konzept, in dem psychische Unterstützung, soziale Hilfen und politische Veränderungen integriert sind. Eine andersgeartete Frühberatungsarbeit ist letztendlich für die Mütter dysfunktional, da die Privatisierung von Mutterschaft lediglich verschärft wird.

Milani-Comparetti (1987, S. 233) spricht von einer »Gesundheitsmedizin«, wenn er die für dieses Konzept notwendige Veränderung der Medizin herausarbeitet.

In einer medizinischen Diagnose müßte zunächst festgestellt werden, welche Behinderung und Krankheit vorliegt, damit nicht das therapiert wird, was nicht zu therapieren ist (vgl. Milani-Comparetti 1987). Im Verlauf der dialogischen Beziehung wären mit Müttern (Vätern) und Kindern in einem Prozeß des »langsamen Denkens« (Milani-Comparetti 1987) in den jeweiligen Situationen deren Vorschläge für die Situation zu erarbeiten und von fachlicher Seite eine Erweiterung bzw. Ergänzungsvorschläge zu unterbreiten. Es müßte dabei unterschieden werden zwischen sozialen Faktoren und psychischen Faktoren. Ein Kind, das mit seiner Familie im 13. Stock eines Hochhauses wohnt, kann z. B. schlecht Treppen steigen lernen. Oder die Mutter dieses Kindes, die in diesem Hochhaus den ganzen Tag isoliert ist, wird vielleicht ihrem Kind gegenüber eine zunehmend aggressive Einstellung haben, da sie sich völlig vereinsamt fühlt und das Kind als Fessel empfindet. Hier wäre zu erarbeiten, was diese Frau für sich tun kann, wie ihr Kind in dieser Zeit versorgt wird, ob ihr eventuell vorhandener Partner die Tätigkeit außer Haus nicht verringern kann, welche Verantwortung er für das Kind übernimmt usw., usw. Es wäre eine Umwelt- und Beziehungsanalyse zu erstellen, wobei ich bewußt vorsichtig mit diesem Ausdruck bin, damit nicht eine »Sozialanamnese« daraus gemacht wird. Die Erörterung dieser Fragen und Probleme braucht Zeit, Vertrauen und Beziehung, um nicht zu einem Instrument mit Kontrollcharakter zu verkommen. Eine Anerkennung der Autonomie der Mütter überläßt den Müttern das Tempo, in denen diese Fragen und Probleme angegangen werden können. Es kann für PädagogInnen notwendig sein, auszuhalten, daß die Mütter sich selbst überfordern und überlasten mit Therapie, einfach weil sie alles tun müssen, um die Hoffnung auf Heilung des Kindes völlig auszuloten. An dieser Stelle wird für mich deutlich sichtbar, daß die tragfähige Beziehung von Bedeutung ist, damit die Mütter ihre Erfahrungen mit all diesen Anstrengungen thematisieren können, ohne daß sie das Gefühl vermittelt bekommen, daß die Fachleute um die Hoffnungslosigkeit schon »vorher« wußten. Es ist wichtig, daß die Mütter für sich selbst Klarheit gewinnen.

Die Mütter erweitern in einer reflektiert authentischen Beziehung ihren Erfahrungsspielraum durch die Professionellen als RepräsentantInnen der Gesellschaft. Diese Erfahrung des Ausprobierens für die Mütter, ohne gegängelt und bevormundet zu werden, kann die Basis dafür sein, daß sie diesen Gewinn an Selbstvertrauen mit in andere Beziehungen einfließen lassen. Ein solcher autonomiefördernder Ansatz der Frühberatung könnte es auch ermöglichen, den Dialog zwischen den Frauen und Männern einzuleiten, so daß z. B. die geschlechtsspezifische Arbeitsteilung thematisiert werden könnte und die Väter aktiv ihre Verantwortung für Pflege und Fürsorge des Kindes übernehmen. Sowohl für Mütter als auch für Väter wäre dies die Chance, aus den tradierten Geschlechtsrollen herauszutreten und sich mit allen Ängsten, mit allen damit verbundenen Kränkungen und Verunsicherungen als freiere und autonomere Menschen zu begegnen. Es ginge dabei nicht darum, daß die Männer den Frauen »helfen«, sondern daß die Männer ihren Teil der Verantwortung an dem Ausschluß der Frauen aus der öffentlichen Sphäre übernehmen und daß sie mit Schmerzen die Unzumutbarkeit des Frauenalltags wahrnehmen. Wenn die Väter die Hälfte der Verantwortung für ihre Kinder übernehmen würden, käme Bewegung in die starre Aufteilung von privater und öffentlicher Sphäre. Der Dialog der Geschlechter erscheint mir notwendig, damit Frauen und Männer in Familie und Kultur gleichermaßen Verantwortung übernehmen, sichtbar werden und beide Lebensbereiche mitgestalten.

Im politisch sozialen Bereich ist daran zu denken, daß in allen Frauenförderplänen die Situation der Mütter behinderter Kinder sichtbar gemacht und als besonders belastete Lebenssituation, die es zu verändern gilt, offengelegt wird. Denkbar wäre auch z. B., bei freiwerdenden Stellen Mütter behinderter Kinder bevorzugt zu berücksichtigen. Dies erscheint mir als Prüfstein, wie ernst es gesellschaftlich mit Frauenförderung gemeint ist, und es wäre ein Signal für die Mütter, daß es eine sozial positiv bewertete Alternative zu ihrer Mutterrolle gibt, in der sie ihre Ansprüche realisieren können und in der sie ein »Heimatrecht« in dieser Gesellschaft erleben.

Flankierend dazu könnte den Müttern das Geld zur Verfügung gestellt werden, das eine Heimunterbringung ihres Kindes den Staat kosten würde. Die Verfügung über dieses Geld läge im Ermessen der Frauen. Sie könnten selbst entscheiden, ob sie damit z. B. einen dauerhaften Pflegedienst für ihr Kind finanzieren möchten, so daß sie Zeit und Raum für eine selbstbestimmte Entwicklung hätten. Dies würde auch signalisieren, daß die Unzumutbarkeit der mütterlichen Arbeit für eine Frau alleine anerkannt und daß soziale Verantwortung dafür übernommen wird.

Ich meine, daß es darum geht, solidarische und deutliche Akzente zu setzen, um den Müttern der behinderten Kinder die sozialen Voraussetzungen zur Verfügung zu stellen, die ihnen ihren individuellen Prozeß ermöglichen und diesen nicht noch zusätzlich erschweren. Dieser individuelle Prozeß ist belastend und erschütternd genug für sie.

Für die Mütter der behinderten Kinder versagen die tradierten Mutterbilder, ihr »Heimatrecht« in der Gesellschaft geht aufgrund der Behinderung verloren, die Frauen müssen Neuland betreten. Die Belastung und Erschwernis durch die dauerhafte Pflege ihres Kindes greifen tief und umfassend in ihr Leben ein und absorbieren all ihre Kräfte. Die Mütter können daher nur schwerlich selbst die notwendigen politischen Veränderungen initiieren. Gefordert sind die Frauenbewegung, PädagogInnen, TherapeutInnen, ÄrztInnen, PolitikerInnen, Selbsthilfeorganisationen, die die notwendigen sozialen Veränderungen durchsetzen, damit nicht länger billigend in Kauf genommen wird, daß aus Müttern behinderter Kinder »behinderte Mütter« zu werden drohen.

Literatur

Ärzte-Zeitung: Mütter von Behinderten sind oft seelisch krank, Ärzte-Zeitung Nr. 15, Juni 1987

Aly, Monika/Aly, Götz/Tumler, Morlind: Kopfkorrektur oder der Zwang gesund zu sein, Berlin 1981

Arbeitsstelle Frühförderung (Hg.): Pädagogische Frühförderung behinderter und von Behinderung bedrohter Kinder. Abschlußbericht der wissenschaftlichen Begleitung des Projektes der Bund-Länder-Kommission für Bildungsplanung, München 1982

Arbeitsstelle Frühförderung Pädagogische Abteilung (Hg.): Verlaufsstudien zur Frühförderung: Spannungsfelder im pädagogisch-therapeutischen Dreieck, München 1988

Badinter, Elisabeth: Die Mutterliebe – Geschichte eines Gefühls vom 17. Jahrhundert bis heute, Frankfurt/Wien/Olten 1981

Balzer/Rolli: Sozialtherapie mit Eltern Behinderter, Weinheim/Basel 1979, 2. Auflage

Beauvoir, Simone de: Das andere Geschlecht. Sitte und Sexus der Frau, Reinbek bei Hamburg 1986

Bettelheim, Bruno: Erziehung zum Überleben. Zur Psychologie der Extremsituation, Stuttgart 1980

Bettelheim, Bruno: Gespräche mit Müttern, München/Zürich 1985, 7. Auflage

Beuys, Barbara: Am Anfang war nur Verzweiflung, Reinbek bei Hamburg 1984

Blunk, Detlev: Die Axt an der Wurzel. Zum Thema »Berufstätigkeit der Frau«, in: Der Kinderarzt 11/1987

Bojanovsky, Jiry: Einführung in die Problematik und einige wichtige Ergebnisse zum Forschungsbereich Trauer, in: Howe/Ochsmann (Hg.) 1985

Bowlby, John: Das Glück und die Trauer, Herstellung und Lösung affektiver Bindungen, Stuttgart 1982

Bowlby, John: Verlust, Trauer und Depression, Frankfurt 1983

Brehmer, Ilse: Was ist feministische Pädagogik? in: Pusch (Hg.) 1983

Buch, Andrea/Heinecke, Birgit, u. a.: An den Rand gedrängt, Reinbek bei Hamburg 1980

Chesler, Phyllis: Mutter werden. Die Geschichte einer Wandlung, Reinbek bei Hamburg 1984

Chodorow, Nancy: Das Erbe der Mütter. Psychoanalyse und Soziologie der Geschlechter, München 1985

Christoph, Franz: Krüppelschläge. Gegen die Gewalt der Menschlichkeit, Reinbek bei Hamburg 1983

Deutscher Bildungsrat: Empfehlungen der Bildungskommission: Zur pädagogischen Förderung behinderter und von Behinderung bedrohter Kinder und Jugendlicher, verabschiedet auf der 34. Sitzung der Bildungskommission am 12./13. Oktober 1973 in Bonn, Stuttgart 1974

Dowling, Colette: Der Cinderellakomplex. Die heimliche Angst der Frauen vor der Unabhängigkeit, Frankfurt 1984

Dreyer, Petra: Ungeliebtes Wunschkind. Eine Mutter lernt, ihr behindertes Kind anzunehmen, Frankfurt 1988

Enders-Dragässer, Uta: Familienpflicht – Ein Faß ohne Boden. Die Erziehungsfunktion im Haushalt – Mütter als Hilfslehrerinnen der Nation, in: Das Parlament, 1./8. Sept. 1984

Enders-Dragässer, Uta: Schule auf den zweiten Blick. Feministische Schulforschung, in: Widersprüche, Frankfurt 23/1987a

Enders-Dragässer, Uta: Weibliche Sozialisation als Verarbeitung paradoxer Realität, Vortrag vor dem Fachbereich Erziehungswissenschaften der Philipps-Universität, Marburg, Febr. 1987b

Enders-Dragässer, Uta: Mother's Unpaid Schoolwork in West Germany, in: Schuck, P. A. (ed.): Women Educators. Employees of Schools in Western Countries. State University of New York Press, Albany 1987c (Deutsch: »Bezahlte und unbezahlte Schularbeit: Ein gemeinsames Problem von Lehrerinnen und Müttern [BRD]«)

Enders-Dragässer, Uta: Wege aus dem Schatten des Männlichen. Unveröffentlichtes Manuskript, Frankfurt 1987d

Finger-Trescher, Urte D.: Trauma, Wiederholungszwang und projektive Identifizierung. Was wirkt heilend in der Psychoanalytischen Pädagogik, in: Reiser/Trescher (Hg.) 1987

Fröhlich, Andreas: Die Mütter schwerstbehinderter Kinder, Heidelberg 1986

Frühberatung: Jahresbericht 1988, Darmstadt 1989

Gerspach, Manfred: Vom klassischen zum psychoanalytischen Paradigma in der Heilpädagogik, in: Reiser/Trescher (Hg.) 1987

Görres, Silvia: Leben mit einem behinderten Kind, Zürich/Köln 1974

Goffman, Erving: Asyle. Über die Situation psychiatrisierter Patienten und anderer Insassen, Frankfurt 1973

Goffman, Erving: Stigma. Über Techniken der Bewältigung beschädigter Identität, Frankfurt 1975

Gröschke, Dieter: Kompetenz als Zielbegriff der Frühförderung, in: Frühförderung Interdisziplinär 2/1986

Guski, Elin: Die Dynamik der Eltern-Kind-Beziehung bei geistig Behinderten, in: Geistige Behinderung 2/1989

Hagemann-White, Carol: Sozialisation: Weiblich – männlich? Opladen 1984

Häusler, Ingrid: Kein Kind zum Vorzeigen? Bericht über eine Behinderung, Reinbek bei Hamburg 1980, 4. Auflage

Hessischer Sozialminister: Vorläufige Richtlinien für die Frühförderung behinderter und von Behinderung bedrohter sowie entwicklungsgefährdeter bzw. entwicklungsverzögerter Kinder, in: Staatsanzeiger für das Land Hessen, Wiesbaden 25. März 1987

Hildeschmidt, Anne/Sander, Alfred: Ökologisch orientierte Frühberatung – Hilfe zur differenzierten Förderung behinderter Kinder, in: Lenzen (Hg.) 1987

Horkheimer, Max: Sozialpsychologische Forschung zum Problem des Autoritarismus, Nationalismus und Antisemitismus, in: Hartmann, K. D. (Hg.): Vorurteile, Ängste, Aggressionen. Ausgewählte Beiträge aus der Reihe Politische Psychologie, Frankfurt/Köln 1975, 2. unveränderte Auflage

Howe, Jürgen/Ochsmann, Randolph (Hg.): Tod-Sterben-Trauer. Bericht über die 1. Tagung zur Thanato-Psychologie vom 4.–6. November 1982 in Vechta, Eschborn bei Frankfurt 1985, 2. durchgesehene Auflage

Innerhofer, Paul/Warnke, Andreas: Eltern als Co-Therapeuten, Berlin/Heidelberg/New York 1978

Innerhofer, Paul/Warnke, Andreas: Die Zusammenarbeit mit Eltern nach dem Münchner Trainingsmodell in der Praxis der Frühförderung, in: Speck/Warnke (Hg.) 1983

Jantzen, Wolfgang: Sozialgeschichte des Behindertenbetreuungswesens, DJI-Materialien, Reihe: Integration behinderter Kinder, München 1982

Jetter, Karlheinz: Leben und Arbeiten mit behinderten und gefährdeten Säuglingen und Kleinkindern, Stadthagen 1984

Jonas, Monika: Statement: Reflexionen zu Trauern, Tod und Sterben, in: Hessisches Institut für Lehrerfortbildung HILF (Außenstelle Jugenheim) (Hg.): AIDS-Problematik im Unterricht. Zusammenstellung der Kurzvorträge aus dem Kompaktseminar vom 8.2.1988 auf dem Schloß Heiligenberg, HILF-Jugenheim, Seeheim-Jugenheim Mai 1988

Jonas, Monika: Anna wollte fliegen lernen, in: Die Mitarbeiterin. Werkheft für Frauenbildung und Frauenseelsorge, 2/3, 1989

Jonas, Monika: Trauer und Autonomie bei Müttern schwerstbehinderter Kinder. Ein feministischer Beitrag, Mainz 1990

Kast, Verena: Trauern – Phasen und Chancen eines psychischen Prozesses, Stuttgart 1984, 4. Auflage

Kast, Verena: Wege zur Autonomie. Märchen psychologisch gedeutet, Olten 1985

Kast, Verena: Der schöpferische Sprung. Vom therapeutischen Umgang mit Krisen, Olten 1987

Keller, Evelyn Fox: Liebe, Macht und Erkenntnis. Männliche oder weibliche Wissenschaft? München 1986

Kitzinger, Sheila: Frauen als Mütter. Geburt und Mutterschaft in verschiedenen Kulturen, München 1983

Klee, Ernst: Behindert. Ein kritisches Handbuch, Frankfurt 1980

Klee, Ernst: Euthanasie im NS-Staat, Frankfurt 1983

Klein, Ferdinand: Mütterliches Einstellungsverhalten im Frühbereich und das kommunikative Erziehungskonzept. Eine empirische Erkundungsstudie, in: Geistige Behinderung 1/1982

Knäpper, Marie-Therese: Feminismus – Autonomie – Subjektivität. Tendenzen und Widersprüche der neuen Frauenbewegung, Bochum 1984

Kniel, Adrian: Bedingungsfaktoren emotionaler Belastungen von Müttern behinderter Kinder im Vorschulalter: Eine empirische Untersuchung, in: Behindertenpädagogik 1/1988

Kobi, Emil: Heilpädagogik im Dialog, in: Leber (Hg.) 1980

Leber, Aloys (Hg.): Heilpädagogik. Wege der Forschung, Bd. 506, Darmstadt 1980

Lenzen, Heinrich (Hg.): Differenzierung und Systematisierung in der Sonderpädagogik. Ausgewählte Beiträge der 22. Arbeitstagung der Dozenten für Sonderpädagogik in deutschsprachigen Ländern vom 26.–28. September 1985 in Köln, Köln/Wien 1987

Lewontin, Richard C./Rose, Steven/Kamin, Leon J.: Die Gene sind es nicht... Biologie, Ideologie und menschliche Natur, München/Weinheim 1988

Leyrer, Katja: Rabenmütter – Na und? Essays und Interviews, Frankfurt 1987, 2. Auflage

Libreria delle donne di Milano: Wie weibliche Freiheit entsteht. Eine neue politische Praxis, Berlin 1988

Lorenzer, Alfred: Die Wahrheit der psychoanalytischen Erkenntnis. Ein historisch-materialistischer Entwurf, Frankfurt 1974

Lorenzer, Alfred: Sprachspiel und Interaktionsformen. Vorträge, Aufsätze zu Psychoanalyse, Sprache und Praxis, Frankfurt 1977

Lösel, Friedrich/Ott-Engelmann, Marita: Zur Typik und Spezifizität im Trauerverhalten – eine empirische Untersuchung an Witwen, in: Howe/Ochsmann (Hg.) 1985

Mannoni, Maud: Das zurückgebliebene Kind und seine Mutter. Eine psychoanalytische Studie, Olten 1972

Mc Farland, Gertrude/Schilling, Karin von: Eltern und ihre Trauer bei Tod, lebensbedrohlicher Erkrankung oder Behinderung ihres Kindes, in: Der Kinderarzt 11/1985

Mentzos, Stavros: Interpersonale und institutionalisierte Abwehr, Frankfurt 1988, erweiterte Neuausgabe

Milani-Comparetti, Adriano: Integration – Wunsch und Wirklichkeit, Vortrag, in: Buch/Heinecke u. a. 1980

Milani-Comparetti, Adriano: Grundlagen der Integration behinderter Kinder und Jugendlicher in Italien. Bearbeitung des Vortrages vom 15.5.1985 an der Universität Frankfurt durch Helmut Reiser, in: Behindertenpädagogik 3/1987

Miller, Alice: Du sollst nicht merken, Frankfurt 1981

Millet, Kate: Sexus und Herrschaft. Die Tyrannei des Mannes in unserer Gesellschaft, München 1980, 3. Auflage

Mitgutsch, Waltraud Anna: Ausgrenzung. Roman, Frankfurt 1989

Mitscherlich, Alexander/Mitscherlich, Margarete: Die Unfähigkeit zu trauern. Grundlagen kollektiven Verhaltens, München 1973, 9. Auflage

Moebius, Monica: Die Unfähigkeit, richtig zu trauern, in: Psychologie heute 11/1985a

Moebius, Monica: Trauer – die bittere Zeit des Leidens, in: Psychologie heute 11/1985b

Müller-Hohagen, Jürgen: Psychotherapie mit behinderten Kindern, München 1987

Müttermanifest: Leben mit Kindern – Mütter werden laut, in: Beiträge zur feministischen Theorie und Praxis. Mamalogie, 21/22, 1988

Nadig, Maya: Mutterbilder in zwei verschiedenen Kulturen. Ethnopsychoanalytische Überlegungen, in: Psychoanalytisches Seminar Zürich (Hg.): Bei Licht betrachtet wird es finster. Frauensichten, Frankfurt 1987

Olivier, Christiane: Jokastes Kinder. Die Psyche der Frau im Schatten der Mutter, Düsseldorf 1988, 5. Auflage

Paritätisches Bildungswerk Bundesverband e. V. (Hg.): Von der Behandlung der Krankheit zur Sorge um Gesundheit... Konzept einer am Kind orientierten Gesundheitsförderung von Prof. Adriano Milani-Comparetti. Dokumentation einer Fachtagung des Paritätischen Bildungswerkes Bundesverband, Frankfurt 1986

Pechstein, Johannes/Helbrügge, Theodor: Die Familie als Träger der sozialpädiatrischen Behindertenhilfe, in: Hellbrügge, Theodor (Hg.): Klinische Sozialpädiatrie, Berlin/Heidelberg/New York 1981

Prekop, Irina: Wir haben ein behindertes Kind. Eltern berichten, Stuttgart 1979

Pusch, Luise F. (Hg.): Feminismus. Inspektion der Herrenkultur. Ein Handbuch, Frankfurt 1983
Rauh, Helgard: Frühe Hilfe. Ein erster Kurzbericht über die Auswertung der Interviews zur Lebenssituation von Eltern behinderter und gesunder (Klein-) Kinder, Berlin 1984
Reiser, Helmut: Beziehung und Technik in der psychoanalytisch orientierten themenzentrierten Gruppenarbeit, in: Reiser/Trescher (Hg.), 1987
Reiser, Helmut/Trescher, Hans-Georg: Wer braucht Erziehung? Impulse der psychoanalytischen Pädagogik, Mainz 1987, 2. Auflage
Richter, Horst Eberhard: Eltern, Kind und Neurose. Die Rolle des Kindes in der Familie, Reinbek bei Hamburg 1976, 11. Auflage
Romans-Clarkson, Sarah E./Clarkson, John E./Dittmer, Ian D./Flett, Ross/Linsell, Chris/Mullen, Paul E./Mullin, Bernadette: Impact of a handicapped child on mental health of parents, in: British Medical Journal, No. 6559, London 1986
Rosenbladt, Sabine: Biotopia. Die genetische Revolution und ihre Folgen für Mensch, Tier und Umwelt. Ein Natur-Buch, München 1988
Ross, Alan: Das Sorgenkind. Problemkinder in ihrer Umgebung, Stuttgart 1977, 2. Auflage
Schatz, Günther: Wie verändern sich Beziehungen zur Umwelt durch die Existenz eines geistig behinderten Kindes? in: Geistige Behinderung 4/1987
Schieche von Eickstedt, Mechthild (Hg.): Ist Aufopferung eine Lösung? Berlin 1981
Schiller, Burkhard: Hilfen und Unterstützungsleistungen sozialer Netze behinderter Menschen, in: Lenzen (Hg.) 1987
Schlack, Hans G.: Die soziale Interaktion: Mittelpunkt therapeutischer Intervention zur Entwicklungsförderung behinderter Kinder, in: Speck/Peterander/Innerhofer (Hg.) 1987
Schlack, Hans G.: Paradigmawechsel in der Frühförderung, in: Frühförderung Interdisziplinär 1/1989
Schreibman, Laura: Eltern als Therapeuten autistischer Kinder, in: Speck/Peterander/Innerhofer (Hg.) 1987
Schröder, Hannelore: Feministische Gesellschaftstheorie, in: Pusch (Hg.) 1983
Schuchardt, Erika: Soziale Integration Behinderter Bd. 1: Biographische Erfahrungen und wissenschaftliche Theorie. Bd. 2: Weiterbildung als Krisenverarbeitung, Braunschweig 1982, 2. erweiterte Auflage
Schuchardt, Erika: Warum gerade ich? Gelnhausen 1984a, 2. erweiterte Auflage

Schuchardt, Erika: Jede Krise ist ein neuer Anfang, Düsseldorf 1984b
Schwarzenau, Paul: Das göttliche Kind. Der Mythos vom Neubeginn, Stuttgart 1984
Segal, Lynn: Ist die Zukunft weiblich? Probleme des Feminismus heute, Frankfurt 1989
Sellach, Brigitte: Zukunft der Sozialarbeit als Zukunft der Spaltung zwischen Frauen? in: Beiträge zur feministischen Theorie und Praxis, Heft 9/10: Zukunft der Frauenarbeit, Köln 1985, 2. Auflage
Speck, Otto: Frühförderung – Frühe Eingriffe in das Kindsein? in: Frühförderung Interdisziplinär 4/1986
Speck, Otto: Frühförderung entwicklungsauffälliger Kinder im Spannungsfeld gesellschaftlicher, familiärer und fachlicher Interessen, in: Geistige Behinderung 2/1987
Speck, Otto/Peterander, Franz/Innerhofer, Paul (Hg.): Kindertherapie. Interdisziplinäre Beiträge aus Forschung und Praxis, München 1987
Speck, Otto/Warnke, Andreas (Hg.): Frühförderung mit den Eltern, München/Basel 1983
Spiegel, Yorick: Der Prozeß des Trauerns. Analyse und Beratung, München 1986, 6. Auflage
Spitz, René A.: Die Entstehung der ersten Objektbeziehungen. Direkte Beobachtungen an Säuglingen während des ersten Lebensjahres, Stuttgart 1973, 3. Auflage
Spörri-Schönle, Claire-Lise: Die Geschichte der Eltern mit ihrem behinderten Kind – ein Thema für die Frühförderung, in: Frühförderung Interdisziplinär 4/1987
Sporken, Paul: Eltern und ihr geistig behindertes Kind. Das Bejahungsproblem, Düsseldorf 1975
Strassmeier, Walter: Frühförderung konkret, München 1981
Strassmeier, Walter: Frühförderung und Ökosystem, in: Frühförderung Interdisziplinär 4/1986
Studienschwerpunkt »Frauenforschung« am Institut für Sozialpädagogik der TU Berlin (Hg.): Mittäterschaft und Entdeckungslust, Berlin 1989
Tempitz, Birgit: Kritische Betrachtung ausgewählter Frühförderungsprogramme, in: Geistige Behinderung 3/1985
Thürmer-Rohr, Christina: Vagabundinnen. Feministische Essays, Berlin 1988, 4. Auflage
Thürmer-Rohr, Christina: Mittäterschaft der Frau – Analyse zwischen Mitgefühl und Kälte, in: Studienschwerpunkt »Frauenforschung« am Institut für Sozialpädagogik der TU Berlin (Hg.) 1989

Thurmair, Martin: Aufgabe und Dilemma der Elternarbeit in der pädagogischen Frühförderung, in: Speck/Warnke (Hg.) 1983

Trescher, Hans-Georg: Selbstverständnis und Problembereiche der Psychoanalytischen Pädagogik, in: Reiser/Trescher (Hg.) 1987

Walter, Joachim: Sexualerziehung, Verhütungsmittel und Normalisierung, in: Neuer-Miebach, Therese/Krebs, Heinz (Hg.): Schwangerschaftsverhütung bei Menschen mit geistiger Behinderung – notwendig, möglich, erlaubt? Marburg 1987

Weisgerber-Soininen, Uwe/Haack, Johannes/Rauh, Helgard: Eltern mit entwicklungsverzögerten Kleinkindern. Eine empirische Studie, in: Geistige Behinderung 4/1984

Weiß, Hans: Sozialwissenschaftliche Konzepte im Wirkfeld von Frühförderung, in: Frühförderung Interdisziplinär 4/1987

Weiß, Hans: Familie und Frühförderung. Analysen und Perspektiven der Zusammenarbeit mit Eltern entwicklungsgefährdeter Kinder, München/Basel 1989

Die Frau in der Gesellschaft

Elisabeth
Beck-Gernsheim

Das halbierte Leben
Männerwelt Beruf –
Frauenwelt Familie
Band 3713

**Vom Geburtenrück-
gang zur Neuen
Mütterlichkeit?**
Band 3754

**Mutterwerden –
der Sprung in ein
anderes Leben**
Band 4731

Renate Berger (Hg.)
**Und ich sehe nichts,
nichts als die Malerei**
Autobiographische
Texte von
Künstlerinnen des
18.-20. Jahrhunderts
Band 3722

Gisela Breitling
Der verborgene Eros
Weiblichkeit und
Männlichkeit im Zerr-
spiegel der Künste
Band 4740

Gisela Breitling
**Die Spuren des Schiffs
in den Wellen**
Eine autobiographische
Suche nach den Frauen
in der Kunstgeschichte
Band 3780

Susan Brownmiller
Gegen unseren Willen
Vergewaltigung und
Männerherrschaft
Band 3712

Weiblichkeit
Band 4703

Roswitha Burgard /
Birgit
Rommelspacher (Hg.)
Leiden macht keine Lust
Der Mythos vom
weiblichen Masochismus
Band 11020

Eva Dane / Renate
Schmidt (Hg.)
**Frauen & Männer
und Pornographie**
Ansichten –
Absichten – Einsichten
Band 10149

Andrea Dworkin
Pornogaphie
Männer beherrschen
Frauen. Band 4730

Richard Fester /
Marie E.P. König /
Doris F. Jonas /
A. David Jonas
Weib und Macht
Fünf Millionen Jahre
Urgeschichte der Frau
Band 3716

Karin Flothmann /
Jochen Dilling
**Vergewaltigung:
Erfahrungen danach**
Band 3781

Sylvia Fraser
Meines Vaters Haus
Geschichte eines Inzests
Band 4751

Nancy Friday
**Wie meine Mutter
My Mother my self**
Band 3726

Signe Hammer
Töchter und Mütter
Über die Schwierig-
keiten einer Beziehung
Band 3705

Fischer Taschenbuch Verlag

Die Frau in der Gesellschaft

Nancy M. Henley
Körperstrategien
Geschlecht, Macht
und nonverbale
Kommunikation
Band 4716

**Irmgard Hülsemann
Ihm zuliebe?**
Abschied vom
weiblichen Gehorsam
Band 10407

**H. Jansen (Hg.)
Freundschaft über
sieben Jahrzehnte**
Rundbriefe deutscher
Lehrerinnen 1899–1968
Band 10635

**Monika Jonas
Behinderte Kinder –
behinderte Mütter?**
Die Unzumutbarkeit
einer sozial arrangierten
Abhängigkeit
Band 4756

Linda Leonard
Töchter und Väter
Heilung einer
verletzten Beziehung
Band 4745

Harriet Goldhor Lerner
Wohin mit meiner Wut?
Neue Beziehungsmuster
für Frauen. Band 4735

Zärtliches Tempo
Wie Frauen ihre
Beziehungen verändern,
ohne sie zu zerstören
Band 10115

Karen Lison /
Carol Poston
**Weiterleben nach
dem Inzest**
Traumabewältigung
und Selbstheilung
Band 10422

Carola
Meier-Seethaler
Ursprünge und Befreiung
Die sexistischen
Wurzeln der Kultur
Band 11038

Margarete Mitscherlich
Die friedfertige Frau
Eine psychoanalytische
Untersuchung
zur Aggression
der Geschlechter
Band 4702

Penelope Shuttle /
Peter Redgrove
**Die weise Wunde
Menstruation**
Band 3728

Uta van Steen
**Macht war mir
nie wichtig**
Gespräche mit
Journalistinnen
Band 4715

Ingrid Strobl
**»Sag nie, du gehst
den letzten Weg«**
Frauen im bewaffneten
Widerstand gegen den
Faschismus. Band 4752

Gerda Szepansky
›**Blitzmädel**‹,
›**Heldenmutter**‹,
›**Kriegerwitwe**‹
Frauenleben im
Zweiten Weltkrieg
Band 3700

Hanne Tügel / Michael
Heilemann (Hg.)
**Frauen verändern
Vergewaltiger**
Band 3795

Fischer Taschenbuch Verlag

fi 14/8 b

Die Frau in der Gesellschaft

Gerhard Amendt
Die bevormundete Frau
oder Die Macht der
Frauenärzte
Band 3769

Dagmar Bielstein
Von verrückten Frauen
Notizen aus der
Psychiatrie
Band 10261

Margrit Brückner
Die Liebe der Frauen
Über Weiblichkeit
und Mißhandlung
Band 4708

Colette Dowling
Der Cinderella-Komplex
Die heimliche Angst
der Frauen vor der
Unabhängigkeit
Band 3068

Perfekte Frauen
Die Flucht in
die Selbstdarstellung
Band 11190

Uta Enders-Dragässer/
Claudia Fuchs (Hg.)
Frauensache Schule
Aus dem deutschen
Schulalltag: Erfahrungen,
Analysen, Alternativen
Band 4733

Marianne Grabrucker
»Typisch Mädchen …«
Prägung in den ersten
drei Lebensjahren
Band 3770

Vom Abenteuer
der Geburt
Die letzten Land-
hebammen erzählen
Band 4746

Michaela Huber/
Inge Rehling
Dein ist mein
halbes Herz
Was Freundinnen
einander bedeuten
Band 4727

Helge Kotthoff (Hg.)
Das Gelächter
der Geschlechter
Band 4709

Ellen Kuzwayo
Mein Leben
Frauen gegen
Apartheid
Band 4720

Katja Leyrer
Hilfe! Mein Sohn
wird ein Macker
Band 4748

Elsbeth Meyer/
Susanne v. Paczensky/
Renate Sadrozinski
»Das hätte nicht noch
mal passieren dürfen!«
Wiederholte Schwanger-
schaftsabbrüche und
was dahintersteckt
Band 4755

Fischer Taschenbuch Verlag

Die Frau in der Gesellschaft

Ursula Scheu
Wir werden nicht als Mädchen geboren – wir werden dazu gemacht
Zur frühkindlichen Erziehung in unserer Gesellschaft
Band 1857

Eva Schindele
Gläserne Gebär-Mütter
Vorgeburtliche Diagnostik –
Fluch oder Segen
Band 4759

Alice Schwarzer
Der »kleine« Unterschied und seine großen Folgen
Frauen über sich –
Beginn einer Befreiung
Band 1805

Alice Schwarzer
Warum gerade sie?
Weibliche Rebellen
Begegnungen mit berühmten Frauen
Band 10838

Alice Schwarzer (Hg.)
Krieg – Was Männerwahn anrichtet
und Wie Frauen
Widerstand leisten
Band 11135

Lynne Segal
Ist die Zukunft weiblich?
Probleme des
Feminismus heute
Band 4725

Miriam Tlali
Soweto Stories
Mit einer Einleitung
von Lauretta Ngcobo
Band 10558

Senta Trömel-Plötz
Frauensprache – Sprache der Veränderung
Band 3725

Senta Trömel-Plötz (Hg.)
Gewalt durch Sprache
Die Vergewaltigung von
Frauen in Gesprächen
Band 3745

Hedi Wyss
Das rosarote Mädchenbuch
Ermutigung zu einem
neuen Bewußtsein
Band 1763

Ursula Ziebarth
Eine Frau aus Gold
Über das Zutrauen
zum Weiblichen
Band 10880

Fischer Taschenbuch Verlag

Die Frau in der Gesellschaft

**Sigrid Arnade
Weder Küsse
noch Karriere**
Erfahrungen
behinderter Frauen
Band 10624

**Joëlle Augerolles
Mein Analytiker
und ich**
Tagebuch einer
verhängnisvollen
Beziehung. Band 10401

**Monika Beckerle
Depression:
Leben mit dem
Gesicht zur Wand**
Erfahrungen
von Frauen
Band 4726

**Dagmar Bielstein
Von verrückten
Frauen**
Notizen aus
der Psychiatrie
Band 10261

**Ingeborg Bruns
Als Vater aus dem
Krieg heimkehrte**
Töchter erinnern sich
Band 10300

**Anne Finger
Lebenswert**
Eine behinderte Frau
bekommt ein Kind
Band 10828

**Gaby Franger
Wir haben es uns
anders vorgestellt**
Türkische Frauen
in der Bundesrepublik
Band 3753

**Gisela Friedrichsen
Abtreibung**
Der Kreuzzug
von Memmingen
Band 10625

**Maria Frisé
Auskünfte über
das Leben zu zweit**
Band 3758

**Dietrich Gronau /
Anita Jagota
Über alle Grenzen
verliebt**
Beziehungen zwischen
deutschen Frauen
und Ausländern
Band 10148

**Imme de Haen
»Aber die Jüngste war
die Allerschönste«**
Schwesternerfahrungen
und weibliche Rolle
Band 3744

**Helga Häsing
Mutter hat
einen Freund**
Alleinerziehende
Frauen berichten
Band 3742

**Katharina Höcker
Durststrecken**
Zwischen Abhängigkeit
und Alkohol
Frauen und Alkohol
Band 4717

Fischer Taschenbuch Verlag

Die Frau in der Gesellschaft

H. Jansen (Hg.)
Freundschaft über sieben Jahrzehnte
Rundbriefe deutscher Lehrerinnen 1899–1968
Band 10635

Helena Klostermann
Alter als Herausforderung
Frauen über sechzig erzählen
Band 3751

Katja Leyrer
Hilfe! Mein Sohn wird ein Macker
Band 4748

Marianne Meinhold/
Andrea Kunsemüller
Von der Lust am Älterwerden
Frauen nach der midlife crisis
Band 3702

Jutta Menschik
Ein Stück von mir
Mütter erzählen
Band 3756

Renate Möhrmann/
Natascha Würzbach (Hg.)
Krankheit als Lebenserfahrung
Berichte von Frauen
Band 4707

Kristel Neidhart
Er ist jünger – na und?
Protokolle. Band 4741

Katharina Oguntoye/
May Opitz/
Dagmar Schultz (Hg.)
Farbe bekennen
Afro-deutsche Frauen auf den Spuren ihrer Geschichte. Band 11023

Ines Rieder/
Patricia Ruppelt (Hg.)
Frauen sprechen über Aids
Band 10033

Erika Schilling
Manchmal hasse ich meine Mutter
Gespräche mit Frauen
Band 3749

Marianne
Schmitt (Hg.)
Fliegende Hitze
Band 3703

Leona Siebenschön
Der achte Himmel
Wie Ehen gelingen
Band 10307

Irmgard Weyrather
»Ich bin noch aus dem vorigen Jahrhundert«
Frauenleben zwischen Kaiserreich und Wirtschaftswunder
Band 3763

Fischer Taschenbuch Verlag

Mit Behinderung leben

Petra Dreyer
Ungeliebtes Wunschkind
Eine Mutter lernt, ihr behindertes Kind anzunehmen
Band 3252

Dorothee Ebert (Hg.)
Wer behindert wen?
Eltern behinderter Kinder und Fachleute berichten
Band 3349

Mechthild Firnhaber
Legasthenie
Wie Eltern helfen können
Band 3327

Torey L. Hayden
Kevin
Der Junge, der nicht sprechen wollte
Band 3253

Ernst Klee
Behindert
Über die Enteignung von Körper und Bewußtsein
Ein kritisches Handbuch
Band 3860

Kathryn Seidick
Mit den Anforderungen wächst der Mut
Der Kampf einer Mutter um ihr schwerkrankes Kind
Band 3283

Rosmarie Stüssi
Aufzeichnungen aus dem Leben mit einem blinden Kind
Band 3295

Edward Whelan / Barbara Speake
Hilfe für geistig Behinderte
Erziehung zur Selbständigkeit
Band 3311

Fischer Taschenbuch Verlag